天音彻响四方

李嵚盛

李雍博 题

刘连伦　著

商务印书馆
2013年·北京

图书在版编目(CIP)数据

玉音响四方：李鸣盛 /刘连伦著. —北京：商务印书馆，2013
ISBN 978 - 7 - 100 - 09690 - 4

I.① 玉… II.① 刘… III.① 李鸣盛（1926～2002）—传记 IV.①K825.78

中国版本图书馆CIP数据核字（2012）第314135号

玉音响四方
——李鸣盛

刘连伦　著

商 务 印 书 馆 出 版
（北京王府井大街36号　　邮政编码 100710）
商 务 印 书 馆 发 行
三河市尚艺印装有限公司印刷
ISBN 978 - 7 - 100 - 09690 - 4

2013年4月第1版　　　开本 710×1000 1/16
2013年4月北京第1次印刷　　印张 16 1/4
定价：30.00元

音清韵远　艺冠群彦

钮骠

　　十几年前，连伦贤弟惠赠了我一册由他编著的《李鸣盛艺术生涯》一书，奉读后，对鸣盛先生的艺业有了进一步的了解，钦仰之情油然而生。记得，1948 年的夏天，我们四维剧校总校在前门外大栅栏路北的庆乐戏院上演曹慕髡先生新编的《牛郎织女》。当时我在三分校被调来参演，与一位师姐按 AB 制轮饰剧中王母一角。那天演出没事，便钻到对过儿的三庆戏院去看蹭儿戏，台上正是李鸣盛、张君秋二位合演的《桑园会》。二位都正当风华正茂之年，在台上十分卖力，台下喝彩连绵。这位正宗杨（宝森）派须生，给我留下了难忘的印象。而与鸣盛先生相识，则是在上世纪 80 年代的一个春节，我去白登云老师家拜年，正巧李先生也来了。经白老的一番引见，自此相识。后来在 1990 年中国戏曲学院 40 年校庆演出时，同台演唱了《四郎探母》，我与郑岩师弟饰国舅，"过关""回令"两场都与鸣盛先生所饰的杨延辉同场，这就越来越熟了。我收徒弟时，他也亲临祝贺。彼此虽然过从不多，平时逢到开会、看戏倒常常相遇，遂成了相知的艺友。

　　我一直认为，当今学杨派老生的，李先生堪称最为纯正地道的一位。把握了杨派艺术的精髓，韵味深醇，妙造天成，无刻意雕饰的痕迹，非常动听、耐听，余味无穷。读了连伦写的书后，得知了个中根

由，传承有自。他师从过的前辈，如蔡荣桂、雷喜福、张连福，以及李盛荫、刘盛通、宋继亭、沈富贵各位，俱是授艺好佬、剧界名师，根基怎能打得不好？学成后，历搭各大名班，杭子和、白登云等鼓界巨擘，杨宝忠、朱家夔、耿少峰等胡琴圣手，都为他打过鼓、操过琴，见过世面，受过历练，方有大成。这一些，在书中都一一有所介绍，令人称羡。

我认为，这本书有个容易被人疏忽的特点，就是作者是位行内人、演员出身，对台上那些事儿一清二楚，了如指掌，不说外行话，未见有硬伤。对旧时戏班颇为熟知，言谈话语、行文遣词之间，觉得出来——恕我说句不恭的俗语——是这里面的"虫"，能在轻松闲聊中将传主托了出来，洋溢着一股京味儿，自然顺畅，文字通俗，写京剧伶工的事儿，含有京味儿，正是"对撇子"了，我很欣赏。

这次更名《玉音响四方》再版，内容又有所充实、丰富，增加了大量珍贵的照片，当会超越前版，成为一部更上一层楼的好书。在当今召唤关注口述历史的治史学风之际，这部书复出行世，对各界读者更多地了解京剧演员成长的实况和对后学认知前辈学艺之不易，都会带来阅读的欣悦和有益的启示。为此谨致数语，向大家推荐此书。

壬辰孟秋于望巢楼晚晴书房

目录 Contents

1
话说李华亭

　　要提起梨园行儿来，您准会想到京戏。京戏这玩意儿，就是凭着舞台上那一亩三分地儿，便能有声有色地演绎出古今中外几千年那惊天动地、悲欢离合的故事来。您走进剧场，台上的锣鼓家伙哐切哐切这么一敲，大幕往两旁边儿这么一拉，可就开戏了。您是想听字正腔圆韵味十足的唱，想品抑扬顿挫铿锵悦耳的念，还是想瞧细腻传神入木三分的做，想看龙腾虎跃火爆激烈的打，那可谓应有尽有，保准能让您大饱耳福眼福。演员们搽了粉，勾上脸，戴好镶珠嵌玉、五光十色的盔头和头面，再把绣金缀银、红绸绿缎的行头往身上一穿，这个扮老生，那个扮旦角，这个扮花脸，那个扮丑角，一时间，你方唱罢我登台，各领风骚展神采。这台上包罗了宇宙万象，囊括了世间冷暖，人、禽、虫、兽、鬼怪、神仙，美、丑、善、恶，五行八作无所不包，难怪人们常说：戏台小天地，人间大舞台！

　　公元 1790 年，清乾隆皇帝八十大寿，三庆、四喜、春台、和春四大徽班接二连三进京献艺，受到宫廷内外的热烈追捧。打那儿以后，湖北的楚班儿也相继到京。徽、楚两个不同的剧种经常同台合作，相互借鉴，久而久之就形成了人人喜爱的京戏。算来，京戏发展到今儿

个也有二百来个年头了，生、旦、净、丑各个行当里的好角儿，也先后出了不少。单说老生这一行儿，可谓名流荟萃、数不胜数。譬如说沈容圃所绘的"同光名伶十三绝"里面，就有程长庚、卢胜奎、杨月楼和张胜奎。另外与程长庚齐名的余三胜和张二奎，也都显赫一时。以后又相继出现了"满城争说叫天儿"的谭鑫培，以及"老乡亲"孙菊仙，汪派创始人汪桂芬等等。到了 20 世纪三四十年代，更是名家辈出，诸如前、后四大须生，什么南麒（周信芳）、北马（马连良）、关外唐（唐韵笙）。不论他们演什么戏，唱什么腔，念什么白，一张嘴，个顶个儿的是旱香瓜儿——另个味儿。就说《文昭关》这出戏吧，早先程长庚程大老板在三庆班的时候时常露演。后来汪桂芬又以实大声宏的气魄把它唱成了汪派的看家戏。随后老乡亲孙菊仙和言菊朋以及汪桂芬的亲传弟子凤二爷王凤卿，也使这出戏在菊坛风靡一时。可到末了儿，真正把这出戏唱红了大江南北，直至传到海外，那还得说是杨派老生的创始人——杨宝森先生。

不过，咱们这位杨三爷虽说艺高德也高，可惜身子骨儿常年不佳，他仅仅在尘世间度过了 49 个春秋，就于 1958 年早逝。值得庆幸的是，这脍炙人口的杨派艺术并没有因为杨先生的早逝而失传，而且不论专业和业余，喜欢和学习者越来越多。在众多杨派继承人当中，大江南北出类拔萃者尽管为数不少，可要说影响最大，成绩最为突出的，还得属已故著名京剧表演艺术家——李鸣盛。

要谈李鸣盛，还得先说说李华亭。李华亭何许人也？乃是李鸣盛的老爷子。他于 1889 年出生在湖北武昌。七八岁的时候，李华亭在一家洋行里当伙计，扫地、泡茶……什么活儿都干。由于他聪明勤快，所以深得老板喜爱。随着年龄的增长，他又慢慢学会了管账。一晃几年过

去，李华亭不仅练就了一手好字，还打得一手好算盘。他不好烟酒，唯一的嗜好就是爱听个戏。甭管城里头哪个戏园子里的茶房，他都混得很熟。戏园子里的人见他这么喜欢戏，就撺掇他扔掉洋行的差事，后来，李华亭索性进了戏班，吃上了戏饭。一次偶然的机会，他跟着戏班子到了十里洋场的大上海，并且进入了当时上海有名的剧场——共舞台。

当时上海正风行连台戏和编排新戏，共舞台也不例外。排这些戏不像演传统戏，单靠一桌二椅就行了，它讲究得有机关布景。心灵手巧的李华亭，先在戏园子后台干拉大幕、摆布景、拉片子的杂活儿，然后又学着做布景、画片子。俗话说"没有三天的力巴"，干了没有多长时间，舞台的上上下下，没有他不熟不懂的。戏园子里，只要排连台本戏和新戏，还真离不了他。那阵子常在共舞台演戏的名角儿，属威震大江南北的盖叫天最革新，喜欢排新戏，所以李华亭跟着盖叫天的时间也就较长。1921 年底，盖叫天应名老生三麻子（王鸿寿）之邀，带着新编的《七擒孟获》《劈山救母》等戏到了天津卫，李华亭自然也就跟去了。

到了天津卫，盖叫天与时慧宝、三麻子、娄廷玉等人在天福舞台合作上演了拿手好戏和带有机关布景的新戏。一连几个月，场场爆满，大受欢迎。当时盖叫天的三哥张英俊正在天津组班儿（盖叫天原名张英杰，排行在五），手下恰好缺个跑腿办事的得力伙计，他一眼看中了精明强干的李华亭。张英俊于是便和五弟商量，把李华亭留了下来。

张英俊自己不仅能演戏，还常常亲自出头邀角儿，他与唱老生的董凤岩经常带着李华亭来往于京、津两地，与被邀请的角儿谈公事（即待遇、报酬及演出日期、剧目等），剩下一些买车票、运道具的差事，就归李华亭去办理了。就这么着，一来二去，李华亭和北京、天津那些大大小小的角儿们，也都混熟了。有时候张、董二位有事分不开身，他就

盖叫天在《武松打虎》中饰武松

成了戏班里、戏院里邀角儿的代理人。

　　冬去春来，转眼到了1923年。当时北京戏班里有位王福山王大爷，祖上曾在清廷为官，他本人开过公寓，后来家境衰落，不得不在戏班里靠画布景糊口度日。王大爷有子女五个，闺女洁清送到戏班学了京剧老旦，后改名王韵甫，常跟小兰英、姚玉兰等坤角儿在北京鲜鱼口的华乐园同台演出。大儿子春生，子承父业，也干上了拉片子这一行儿。二儿子金亭，原先在铁工厂做事，后来也进了戏班，在尚小云的荣春社里专

做机关布景，很有出息。三儿子益正，学京剧文武老生，玩意儿出类拔萃，只可惜刚刚成名，便因病早逝。小儿子焕文是京剧丑角，在天津等地很有名气。王大爷则和闺女韵甫在华乐园的戏班子里共事。华乐园也是李华亭经常邀角儿的地方。他来过几趟之后，就引起王福山的注意。李华亭原来和王大爷干的是同一行，所以爷儿俩聊起天儿来分外投机。王福山见这个满嘴湖北腔的青年，长得是眉清目秀，见人彬彬有礼，精明能干，还能写会画。再一打听，得知李华亭尚是独身，三十好几还没成家，在京城又无牵无挂，所以就有了把闺女嫁给他的念头。

王大爷回到家里跟老伴儿一商量，老伴儿的脑袋摇得就像个拨浪鼓儿似的。她嗔怪地说："咱闺女在戏班里大小也是个角儿，干吗要嫁个穷光蛋？岁数又比闺女大出一轮还多……"

王大爷却慢条斯理、胸有成竹地劝起了老伴儿："常言道人不可貌相，海水不可斗量。别小看这个湖北佬儿，他可是个有心人，又勤快又能干，今儿虽是个穷小子，日后准能出人头地！"

老伴儿最终拧不过老头子，到底还是把唯一的女儿嫁给了李华亭，王韵甫当时年仅18岁。婚后小两口倒挺和睦，李华亭在家里挑起了大梁，里里外外一把好手。丈母娘见这位姑爷果然能干，也渐渐疼爱起来。

转过年，李华亭的第一位千金小姐呱呱落地，这就是后来嫁给童芷苓之兄童遐苓的李多芬。李多芬长大以后，女继母业也学起了京剧老旦。她承袭了母亲那宽厚、洪亮的嗓音和父亲聪明的头脑，在艺术上成绩卓然，深得老旦名宿李多奎先生的喜爱，日后成了上海京剧院的一名优秀老旦演员。

又过两年，也就是1926年农历十一月初八（阳历12月12日），一个白白胖胖的男孩儿在北京前门外鹞儿胡同甲17号出生了，李华亭夫

李华亭全家合影。右起依次为李华亭、李多芬、王韵甫、李鸣盛

妇欣喜万分，给儿子取名士琳。这就是后来在京剧老生行中颇有建树的李鸣盛。

这时候的李华亭，经过几年拼搏，在梨园界声名鹊起，已不再代他人邀角儿替别人跑腿，而是堂堂正正干上了"经励科"。经励科用今天的话说，就是文艺界中的穴头，又可称之为文化掮客。干经励科也不是件容易的事，一要精通业务，二要有组织能力，三要有经济头脑，四要能言善辩。诸如怎么和大、小角儿们谈公事，用什么办法才能把角儿邀来，哪些角儿能吃几碗干饭，哪些角儿都有什么脾气，哪些角儿的戏能

够叫座，哪些角儿能凑在一起配戏，每台戏的戏码怎样安排……这些都要看干经励科这些人的本事。而上面所说的这一切，在李华亭手里办得都十分漂亮。有时候戏园里碰到某些刁钻的名角儿，不是开价过高，就是挑剔这嫌弃那，找种种借口要挟。遇到这种情况，只要李华亭出马，凭着他那三寸不烂之舌，保准把这名角儿请出山来。他处理事情既有见人三分笑、和气可亲的一面，又有六亲不认、软硬不吃的一手。李华亭有办事钉是钉、铆是铆、清清楚楚、毫不含糊这始终如一的信誉，所以名角儿们都愿意跟他合作。在后来较长一段时期里，他都在协助马连良、杨宝森等人组班，马、杨对他相当钦佩。一次在马连良家里饭后闲聊，马连良对李华亭的经营才能赞叹不已，当即在他的扇面上写下了"天有九头鸟，地有湖北佬"十个大字，以此夸耀李华亭。打这以后，李华亭在戏班中就落下了"李鸟"的绰号。

李华亭在京剧界中是个相当出色的管理人才。他有头脑，有见识，有方法，李鸣盛日后在艺术道路上的成长，也得益于这位老爷子。

2

一曲定终身

自古至今，凡是当老家儿的，谁都希望自己的儿女长大以后能做一番宏伟的事业，望子成龙、耀祖光宗在国人脑瓜儿中那是根深蒂固，新旧年月都是如此。李华亭 30 多岁才喜得贵子，自然巴望着能把自己唯一的宝贝儿子士琳培养成一个博士、一个教授，将来再出国留洋，以改换门庭。1931 年李华亭带着全家迁往天津以后，就把一双儿女送进了日租界的竞存小学读书。当时姐姐李多芬虚岁 10 岁，弟弟李士琳 8 岁。入学后，为了能互相照顾，李华亭请求学校把姐弟俩分在一个班里。一年以后，姐弟俩又一起转到英租界的浙江小学。李多芬上学非常用功，接连两年成绩都名列前茅，还当了班长。李士琳开头的学习成绩不错，分数也不低，头一年总分还得了全班第三名，可学到第二年，他却退到了二十几名。几门课程中，他最发憷的是算术。课堂上，学得是糊里糊涂；回到家里，姐姐一叫他做作业，他就用小手捂着头，紧皱着眉头喊着："我头疼。"此后算术不及格就成了李士琳的常事儿，他的语文成绩勉强凑合，最好的是音乐。只要是上音乐课，李士琳的精神头儿就来了，两只小手背在身后，挺胸抬头，聚精会神地听老师讲课，认真地跟着老师一句一句地唱。下课后，他自己还要反复练习，从不用人督促。

这样一来，自然这音乐课成绩总得第一。李士琳不是那种登梯爬高、上房揭瓦的淘气包儿，也不是怕见生人、腼腆羞涩的娇宝贝，他是喜欢闷头做感兴趣事儿的孩子，遗憾的是他唯一感兴趣的只有唱歌和看戏，其他功课很不上心。按说不爱学习的孩子没人喜欢，可这个班的刘老师却对李士琳非常偏爱。他看上这个孩子从不给老师捅娄子，老实而又不失聪明，特别是有音乐天赋，嗓子清脆豁亮，歌唱得极好。因此，每当全校开会唱歌时，刘老师总要推荐他去领唱。这下子，李士琳唱歌的劲头就更大了，可其他几门功课啊，却是一天不如一天地往下坡溜。

少年李鸣盛

　　李华亭这时已经是天津春和戏院经励科的主要成员，负责戏院里邀角儿、安排戏码等一系列有关演戏的事务。春和戏院是个大戏院，专接京剧大班，剧场能容纳千人左右，设施很好，还设有对外宣传广播的大喇叭，在天津市影响很大。剧场演出十分繁忙，尤其是逢年过节，一天两场戏，几乎没有休息的日子。李华亭是个少有的勤快人，办事认真，说话算数，时时处处都身体力行。有时候为了到北平邀角儿，他经常乘火车当天打来回，工作效率之高，没人不佩服。李华亭任春和戏院的后台经理以后，就把家眷搬到了戏院后门外的一座小楼里。常言说近水楼

台先得月，从此李士琳和姐姐看戏可就更方便了。姐姐也喜欢看戏，每天做完功课就带着弟弟悄悄地"走后门"钻进戏院去看戏。爸爸当后台经理，这小姐弟俩当然就能享受特殊待遇，只要戏院有戏，他们想什么时候看就什么时候看。在春和戏院后门楼里住的这几年，小姐弟俩把好角儿的戏看了不老少，什么杨小楼、尚和玉、四大名旦，什么雪艳琴、章遏云、胡碧兰、周信芳、小达子（李桂春）、新艳秋、马连良、孟小冬、谭富英等等。每当看完戏回到家里，姐弟俩余兴未消，往往会接着学名角儿演戏。一会儿姐姐学起了尚小云和富连成科班的旦角刘盛莲来，胳膊绑上两条毛巾当水袖，左一甩，右一甩，那真是活灵活现，常惹得全家哈哈大笑。弟弟也不甘示弱，学得也颇有几分意思，时而正冠，时而捋髯，迈着四方步，俨然一个小"老生"……

距春和戏院不远，还有个中和客栈，从北平或其他地方邀来的角儿，有的为了省钱，就带着家属住在那儿。李多芬姐弟俩一有空儿就跑到那儿去玩儿。戏班的孩子们一玩儿起来没别的，就是学唱戏，学武把子翻斤斗。他们两个自然也是积极参加者。见唱花脸的侯喜瑞先生的小儿子在地上翻小毛儿（前滚翻），李士琳也紧随其后跟着翻，越翻越起劲儿，这小毛儿一翻就是一串。当时，他们感到这是最开心不过的事了。

李华亭除在春和戏院供职之外，兼为北洋戏院邀角儿，同时协助马连良先生办起了扶风社。马连良任社长，他任副社长。马连良这个社长主要是唱戏，具体事务都由副社长李华亭操办。马连良经常出外巡回演出，李华亭则必须携家眷随同前往，这是戏班历来的规矩。孩子们也就跟着大人各处跑，一天到晚除了玩儿就是看戏。

1936年，天津中国大戏院建成，李华亭成了这个戏院的后台经理。

戏院开张那天，门前张灯结彩，马连良先生为戏院剪了彩，并率扶风社演职员演出了全部《群英会·借东风》，前面马连良还加演了《跳加官》和《大赐福》，可谓锦上添花。扶风社的阵容强大，吸收了不少名角儿，如小生叶盛兰，花脸刘连荣，丑角茹富蕙、马富禄，武生李盛斌等人，也因此名声大振，借此东风，紧接着又在天津中国大戏院上演了一批新剧目及拿手好戏。诸如《羊角哀》《清风亭》《范仲禹》《红鬃烈马》《盗宗卷》《汾河湾》《四进士》《马义救主》《龙凤呈祥》《借东风》等等。李士琳和李多芬这两个小戏迷真是大饱眼福了。每天不等开戏，两人就钻进了剧场，好戏看了一出又一出。戏散了，小姐弟俩走出戏院，嘴里还哼哼叽叽学着刚才戏里的唱段。李士琳两年多来天天看马连良的戏，耳濡目染，加之模仿力超强，不久他学马连良就惟妙惟肖了。

七七事变不久，李华亭带领全家返回北平，虽然他还兼着中国大戏院的后台经理，但主要精力已经放在了扶风社上。李华亭在北平买下了宣武门外潘家河沿的一处住房，马连良此时住在崇文门外豆

早期马连良饰演诸葛亮

腐巷。李、马二人在一起共事，住的又不算远，因而两家经常走动，相处得很好。王韵甫原来在北平女子戏班奎德社是个很出色的京剧老旦演员，自嫁给李华亭以后，渐渐疏远了舞台。她在家里闲着没事，为了解闷儿，经常和马连良的夫人陈慧琏一起打麻将消遣。大人们的频繁来往，也使孩子们相处得亲密无间。扶风社经常演出，散戏后，李华亭一家就在马连良府上吃夜宵，两家人边吃边聊，有时候不知不觉天色太晚，儿女即在马家住宿。两家人就这样和睦融洽，不分彼此，所以，当时李士琳虽然才十一二岁，却已成了马家的座上客。

李士琳从小就对马先生的表演艺术非常崇拜。就在 12 岁那年的一

马连良

天，李士琳又跟随父亲到马家去玩儿，此时马家上房坐着很多客人，大部分是马连良在扶风社里的同事或戏曲界的朋友，他们山南海北侃得热火朝天。李士琳坐在一旁听得很入神，当听到他们聊戏评戏时，他的小脑袋还不时随着点点，似乎也有同感。这些细微的动作，引起了在座人们的注意。不知不觉话题就转到了李华亭的这位公子身上。这位叔叔问他上学了没有，那位伯伯说怎么没让孩子学戏……马连良问他会不会唱，并让其唱一段给大家听听。李士琳一听让自己唱戏，立刻来了精神，一点儿也不怵阵，他痛痛快快地学着大人们平时吊嗓子的架势，放开嗓子唱了起来："学天书，玄妙法，犹如反掌……"嗬！真不赖，是《借东风》里诸葛亮的【二黄导板】唱段，这是李士琳最喜欢、烂熟于心的段子。他这么一唱，大人们的谈笑声戛然而止，大家都把目光一下子集中到了这个孩子身上。在座的先生们有的虚闭双目晃着脑袋仔细地听着，有的不由自主拍着腿打着板眼。这时候，李华亭心里也一愣，又高兴又惊奇，他琢磨着："这小子真露脸，这是什么时候学的呀……"李士琳的嗓子本质好，音色美。这段唱他不仅唱出了马派的韵味，表演也很有几分马派的神气。当李士琳把这名剧佳段一气呵成唱完之后，当即引起了一片掌声和赞扬。叔叔伯伯们竖着拇指不住嘴地夸奖着："真不错！挺有味儿……"马连良更是高兴，他边拍手边起身，走到李士琳身边，摸着他的小脑瓜说："好小子，唱得真不错，是个学戏的好坯子……"随后，便郑重其事地建议李华亭，让李士琳弃学从艺。说起来，正因为当年马连良的慧眼识珠，才使得若干年后的京剧界涌现出了一位出类拔萃的老生杰才。

李华亭看到儿子的学习成绩不断下滑心里也很着急，回到北平以后，终日忙碌的他还没来得及腾出脑子考虑儿子的前途。今儿个却碰巧

听了儿子的唱，这偶然一听让他这个当父亲的那颗焦灼的心感到几分慰藉甚至有些激动。他万万没料到，儿子还有这个天分。马连良的建议使他动了心。他相信马先生的眼力，也看出了儿子的那份潜质，长相、嗓音都有发展，儿子确实不错。但学戏是个苦差事，台上一分钟，台下十年功，这一点李华亭比谁都清楚，多少孩子学戏都是因生活所迫才来吃这碗受罪的饭。他心里矛盾重重，学戏吧，这生活富足的公子哥儿能不能坚持下来？不学吧，儿子对功课又没兴趣，于是他把儿子叫到跟前，试探孩子的想法："士琳，你愿意上学还是愿意学戏？""当然愿意学戏啦！"李士琳回答得很干脆。李华亭又问："学戏是很苦的，你受得了吗？"李士琳把小脑袋一歪，毫不犹豫地说："我受得了！我喜欢唱戏，您让我学戏吧，什么苦我都不怕！"李华亭听了儿子这斩钉截铁的保证，也就下了让他学戏的决心。

3

吃上了戏饭

　　旧社会学戏，有不少途径，最常见的是进科班。办科班的人都是些有钱的主儿，他们请人主事，再聘来各个行当的老师教戏。学生们大都是一些家里穷得没辙的苦孩子，父母为了给他们找条生路，就送进科班里学戏，无非是混碗饭吃。那时候科班可不像今天国家办的戏曲学校条件这么优越，且不说那生活待遇有多么差，就说那教学方法就够瘆人的。旧社会讲究"打戏"，凡是进科班的孩子没有不挨打的。师父们有句格言，那就是"不打不成才"。父母把孩子送进科班要跟科班立字据，这契约如同签订下卖身合同，不仅可以打骂体罚，还要注明在科班学戏期间，无论是病是死，科班概不负责。常有人把八年坐科生活，比成坐八年大狱。除去科班这种学戏形式之外，还有手把徒弟，也就是父母把孩子写给某位师父做徒弟，这种师徒关系也要立下契约，其中，会定下几年出师及出师之后，还要给老师无偿效力若干年等条款，这实际上是把孩子卖给了师父。所以那会儿，学戏也就意味着吃苦、受罪、卖命。

　　李士琳十二三岁的时候，北平有几个科班办得正火，像最大的科班富连成、尚小云办的荣春社、李万春办的鸣春社和由焦菊隐任校长的北平中华戏曲职业专科学校。科班也好，手把徒弟也好，打戏有情景，这

晚年的范儒林

些个李华亭都一清二楚。虽然已决心让儿子学戏，但把儿子送进科班或者写给谁当手把徒弟，他却难以忍心。李华亭舍不得让儿子去受罪，考虑再三，他决定凭着自己在戏班的关系，花钱请最好的老师到家里为儿子教戏。

孩子学戏开蒙非常关键。李华亭通过梅兰芳的琴师徐兰沅先生的推荐，为儿子请来了第一位老师——范儒林。

范儒林，安徽和县人，时年31岁，早年父母双亡，跟随胞姐生活。他生来聪明过人，自小酷爱京剧，靠着留声机的唱片，居然学会了不少的老生戏，还能自唱自拉。十几岁时，范儒林随姐姐到了上海，经常在租界里的几家大旅馆以艺名"小艾虎"卖唱。他学马连良学得很像，对余（叔岩）派也很有研究。两年以后马连良到上海演出，唱花脸的刘砚亭偶然听了他的唱，非常高兴，想带他去北平学戏，谁知姐姐不许。以后，梅兰芳到上海演出，他的唱又让梅兰芳、徐兰沅听到了，都认为这是个不可多得的好苗子，梅先生建议让徐兰沅收他为徒，培养出来就留在戏班里唱二牌老生。范儒林一见梅先生和徐先生如此器重他，立刻写了拜师字据。第二年姐姐病故后，他立即来到徐兰沅身边，终于实现了自己的心愿。当时，范儒林吃住都在徐家，徐兰沅请了擅长教老生戏的宋继亭教他文戏，沈富贵教他靠把戏，并且每天亲自为他吊嗓子纠正唱腔、矫正字音。两年以后徐兰沅为了检

验学生，特请花脸名家苏连汉、刘连荣陪着范儒林唱了两天堂会，头天《失·空·斩》，第二天《捉放·宿店》，演出后得到一致称赞。徐兰沅非常高兴，特地为他改名范国麟，准备正式挂牌公演。可这范儒林戏运不佳，就在两天堂会以后，突然嗓音失哑，竟一句也唱不出来。徐兰沅虽多方请医诊治，最终也没能使他嗓音恢复。从此，范儒林只得放弃舞台生活，改为别人吊嗓、说戏了。

范儒林到了李家以后，对李士琳非常尽心。不仅是因为李华亭与他的老师徐兰沅关系甚好，他自己也十分喜欢眼前这个聪明好学的学生，并盼望着日后由学生来实现自己的从艺理想。李士琳学的第一出戏是《捉放曹》。范老师教戏很有耐心，脾气也好。他学习余派唱念，地道正宗，吐字发音韵味十足，口齿也很清晰。这样一来，李士琳初学老生就有了一个良好的开端。学完《捉放曹》，范儒林又相继给他说了《天水关》《失街亭》《空城计》《斩马谡》。每天戏教完以后，范儒林都会给李士琳吊嗓子，凡是所学的戏每次都要吊上几遍，不仅增加了记忆，还锻炼了气力。学戏之余，范儒林还经常带他到和平门内后孙公园会馆票房去玩。票房里唱戏虽不化妆，但乐队是全堂，文武场面一应俱全，范老师经常在这里操琴。去了票房以后，范老师就鼓励李士琳把所学的戏，诸如《捉放曹》《失街亭》，在这里演练一遍。李士琳在这票房演唱，除去不带身段，他的唱、念都得到了充分的锻炼和施展。

范儒林给李士琳开蒙不久，李华亭又相继给儿子请来了一些梨园界里很有声望的京戏教师。第一位是有丰富教学经验的张连福先生。这位张先生坐科于富连成，与马连良是师兄弟，矮矮的个子，胖胖的身材。可能是为了扬长避短，他只管教唱，不管教身段。张连福对嘴皮子的唱念要求很严，每逢说戏时，手里总要拿一把戒尺。如果学生唱念的

张连福

时候，嘴上不使劲，张先生就要把戒尺杵到学生嘴里用力搅上几下，为的是让学生记住唱念时必须使劲。虽说李士琳在范老师的教授下，唱得很不错，但是，口齿唇喉的基本功并没有达到张先生的要求，所以，这把戒尺也没少在李公子的嘴里搅动。别看这位公子平时在家里饭来张口，衣来伸手，娇生惯养，可是在学戏上，从不叫苦叫累，而且为了完成老师的要求，背地里还常给自己加码儿。李士琳正是这样在严师训教下，吃了不少苦头，才练就了日后口齿清晰、吐字真切的硬功夫。继张连福之后，李华亭还请了唱老生的刘盛通、张盛禄和李盛荫（名老生李盛藻之胞兄）。这三位先生，或是在唱腔上造诣很深，或是在身段上漂亮讲究。为了提高儿子的表演能力，李华亭还特地请来了以演做派戏出名的雷喜福。李华亭是个有头脑的聪明人，他给儿子请老师，一方面是要给儿子打一个坚实的基础，另一方面是要儿子博学众家之所长。他的主导思想是"社会风行什么，观众喜欢什么，就让儿子学什么"。为了这个目的，他除了让儿子向张连福等人学了《辕门斩子》《问樵闹府》《打棍出箱》《乌龙院》《翠屏山》《奇冤报》《南阳关》等戏外，还请来了当时擅演马派戏的沙世鑫到家中传授马派戏。沙世鑫是北京富连成科班世字辈学生，为人老成，对马派很有研究，在20世纪三四十年代演过大量马派戏，只是嗓

子不太好，被马连良推荐来给李士琳说戏。他连续为李士琳说了一批马派名剧，像全部《龙凤呈祥》、全部《群英会·借东风》《一捧雪》《清风亭》《九更天》《四进士》等。沙老师教戏相当细致，无论身段还是唱念，玩意儿都很地道。为了学马派戏，李华亭还通过在荣春社科班做事的内弟王金亭介绍，在北平两益轩饭庄请客，让儿子正式拜了蔡荣桂老先生为师（蔡先生也是马连良的老师，很多马派戏曾在蔡先生协助下排出）。李士琳贪婪地吸收京剧各流派之长。随后他还向刘盛通学习了余派的《洪洋洞》，向宋继亭学了谭派的《定军山》……

蔡荣桂

　　李士琳学的是老生戏，可以不练翻斤斗，但是踢腿、打把子、跑圆场等基本功，还是必练不可的。就老生这一行儿也有很多角色需要有坚实的功底。如饰演《定军山》的老将黄忠，《翠屏山》的石秀，《珠帘寨》的李克用，没有扎实的功底，就表现不出他们的威武气质。因此，为了加强武功方面的训练，李士琳又拜了一个好老师，这就是沈富贵。沈先生本工唱武生，弟子很多，尚小云的长子、名武生尚长春便是他一手培养出来的。沈富贵与李士琳的二舅王金亭关系密切，此人又讲义气，对李士琳的教授，是毫不含糊。从压腿、踢腿、搬腿、打飞脚、打把子到跑圆场，每个环节都看得很紧。为了使李士琳的戏路子更为宽

1987年李鸣盛（左）看望刘盛通老师

阔，打好坚实的武功底子，他给李士琳拉戏，拉得最多的是《战宛城》中的张绣和《连环套》中的黄天霸。练完基本功就立刻扎上大靠（戏中武将所穿的铠甲），拉身段，跑圆场。接下去是戏中的开打，打完紧接着是耍大枪下场（下场时的整套枪花）。一遍不成，再来一遍，即便是累得气喘吁吁，也要坚持，不准在外表显露出来。每每练到一半儿，李士琳已是汗流浃背，贴身穿的小褂儿都能拧出水来。就这样历经两三个寒暑，李士琳不仅这出武生行的《战宛城》能演下来了，就连武生应工、文武并重的《连环套》演来也毫不吃力。

在拿刀动枪的功夫上，李士琳还曾受到素有"大刀宋"美称的宋富亭先生亲授，如《定军山》黄忠耍的大刀下场和《珠帘寨》的对刀，并

且还向名宿钱金福之子钱宝森先生学习了《打渔杀家》中萧恩的锁喉对打。为了让儿子耍好《翠屏山》里石秀的单刀，李华亭曾专门把这方面颇有名气的费世威先生请到家中，悉心指教……

为了培养自己这棵独苗，李华亭费尽了心血，不惜用重金聘请梨园界的名师、好佬。这为李士琳不拘一格地学习，创造了优越条件，但同时也使他的身心备觉疲惫紧张，也难怪，当时他才是十几岁的孩子呀！一天到晚，这个老师刚走，那个老师就到，时间安排得非常紧。有时候，刚刚端起饭碗，碰巧老师前来说戏，他也只得连忙撂下碗筷。有时候一天来三个老师，他就要学三出戏。那个年代没有录音机、录像机，只能是口传心授，所以学戏全凭用脑子下功夫背台词、背唱腔、记身段。这种填鸭式的教学方式压得李士琳有点喘不过气来。幸好，他尚在少年，记忆力好，领会能力强，又酷爱这一行，加上自己在父亲面前下的保证，这才咬紧牙关挺了过来。

俗话说"井淘三遍出好水，人从三师技艺高"。通过这样系统学习磨炼，苦去甘来，李士琳开阔了眼界，增长了见识，技艺有了很大起色。在后来的舞台生涯中，他不仅继承了余派、杨派，还兼学了谭派、马派。既能演羽扇纶巾儒雅从容的诸葛亮，也能演身披盔甲威风凛凛的黄忠。自古常言不欺人，"严师出高徒"，仔细想来，真是这个道理，李士琳日后的成功，还真应该好好感谢当年这些个恩师的严格教诲。

4

小童伶粉墨登台

戏班里有句艺谚说："千学不如一看，千看不如一演。"可不是嘛，学戏、排戏，毕竟跟台上正儿八经的演出不一样。台上演戏，剧中人该穿什么服装，戴什么盔头，拿什么道具，一样儿也不能少。哪个地方的戏观众有反应，哪些地方的表演能要下彩来，只有看了台上的演出，心里才有底。如果您整天价光坐在台底下看戏，自己不亲自粉墨登台试巴试巴，那看来的东西也不会消化。本来老师教戏就是口传心授，生填活鸭，全凭着脑子死记硬背；不亲自登台亮亮相儿，也难免丢三忘四，学多了，就成了狗熊掰棒子，会了后头忘前头，最后回过头来一瞧，敢情真正记得准准确确的戏没剩下几出。所以，用老先生的话说："学了戏，就得抓紧见地毯，就得在台上摸爬滚打。"

李士琳经过一年多的苦练，已学会了不少老生戏。李华亭根据老师们的建议，准备让这独生儿子粉墨登台。可巧，这期间坤伶名丑角梁花侬（名旦梁秀娟之母，丑角白其麟之外祖母）也正为让她学旦角不久的二女儿梁雯娟筹划在京组班演出。于是李华亭和她商量，让儿子和梁雯娟同台合作。这首次登台献艺的一场戏，就定于 1939 年 10 月 5 日的晚上，地点是前门外的广德楼戏园。同时参加演出的还有马连良的长子马

崇仁。戏码儿是这样安排的：前边开场是马崇仁主演的《铁笼山》，倒数第二是李士琳主演的《捉放曹》，大轴子是梁雯娟主演的《盘丝洞》。

首演的日子定下来后，李府上上下下、前前后后都为这位小少爷忙活开了。李华亭想：儿子既然要正式登台演出，按戏班的惯例，就得给儿子起一个响亮的艺名。为了起好艺名，他还真费了一番心思，专门请来了一位老翰林周养庵。这位老学究为李公子取了两个艺名，一个是李振雅，另一个是李鸣盛。李华亭认为"鸣盛"二字，字音响亮，而且又寓意吉祥，决定为儿子改艺名为——李鸣盛。

1939年10月5日这一天终于来到了。当天的北平《新民报》对此以"梁雯娟等组班，李鸣盛、马崇仁各演名奏"为醒目标题，向广大读者作了较为详细的介绍。谈到李鸣盛时，文章这样写道："李鸣盛为李华亭氏之长公子，今年14岁（实际年龄为13岁）唱老生，艺兼谭马，聆其清唱者，靡不叫绝，许其为非池中物。此次与梁雯娟合作，同行组班，特选其得意名奏之《捉放曹》。鸣盛之登红氍毹，此为处女作，饰陈宫。由裴盛戎饰曹操，哈宝山饰吕伯奢，更足增色矣。"这天的报纸，同时还登出了李鸣盛的便装照片。

为了这场戏，李鸣盛早早地就被父母打扮得衣帽整齐，上身穿蓝绸长袍，外套黑色团花小马褂儿，脚穿黑色白边儿千层底小圆口布鞋，里面的白色洋袜子（线袜）露在鞋口外，显得黑白分明，头上戴一顶镶着小红疙瘩的黑色小帽头儿。这一身打扮，配上他那矮矮的个子和那张天真幼稚的小脸儿，更显得这孩子聪明可爱。

离开戏的时间越来越近，李鸣盛不时地瞧瞧家里条案上摆着的那座老式座钟，"滴答滴答……"时间过得真慢。他不知是紧张，还是高兴，心里七上八下，坐立不安，几次来到父亲身边问："爸，咱们该走

了吧？"李华亭却不慌不忙地回答："莫急嘛，今天你是角儿了，就要拿出角儿的派头来。"然后又摸着儿子的头说："当角儿的不能提前进园子，要等催戏的来催，记住，要绷得住！"话是这么说，其实李华亭此时此刻的心情比任何人都激动，都复杂。这一年多的酸甜苦辣顿时都涌上心头。李鸣盛似懂非懂地点点头，只好听从父命，心里却暗暗琢磨着："角儿干吗还要摆派头儿？怎么做才能像个角儿？角儿的派头儿又应该是什么样儿……"不管怎么绷着，他心里还是盼望着戏园里催戏的伙计能早点儿到来。

催戏的伙计终于来到了家里。李鸣盛真想一下子从椅子上蹿出去，但马上又想起了父亲的教诲——要绷得住，不然会失去角儿的派头儿，只好强忍着坐在椅子上没敢动弹。催戏的伙计走进客厅，向李华亭恭恭敬敬地行礼说道："李老板，该请小老板上园子了。"李华亭爷儿俩，这才在跟包伙计（负责为主角儿穿服装、戴盔头）的跟随下，坐着漆黑油亮的黄包车，向广德楼戏园驶去。

经过一段喧哗的闹市，不大一会儿黄包车便稳稳地停在了广德楼戏园的门口。李鸣盛由跟包伙计扶下了车。一进戏园子，嗬，他顿时感到眼花缭乱，只见观众席的包厢外围挂满了祝贺演出的幛子，有紫丝绒镶金边儿的；有黑大绒红缎子衬黑字的……不少幛子是专门送给李鸣盛的。幛子上边写着"响遏行云""谭英马良""一鸣惊人""鸣盛千秋"等醒目题词。幛子下款署名的有尚小云、马连良、筱翠花（于连泉）、马富禄、谭富英、叶盛兰等京剧名家和李华亭在戏曲界的友好。另外，还有不少各界名流，如书法家吴仲康先生等。

李鸣盛走进后台，心里不由得怦怦直跳。其实，这地方并不陌生啊！在这里他看过了不少名角儿的好戏，像马连良、梅兰芳、尚小云

等，正是在这些人的艺术感染下，自个儿才走上了京剧的艺术舞台。可今天，这些前辈们正坐在台下，等着看自己的首场演出呢。他在心里暗暗提醒自己："一定要认认真真地演，一板一眼，一招一式绝不能有半点马虎，不能给父母和老师们丢脸，更不能辜负叔叔伯伯们的希望。"这样一想，心里也就慢慢地踏实、平静多了。这时候的后台也显得非常热闹，捧场的人纷纷前来看望、祝贺。同台演出的叔叔大爷们更是格外关照，叮嘱李鸣盛别害怕，要沉住气。不大一会儿，李鸣盛涂彩抹粉化好了妆，跟

裴盛戎

包伙计为他勒好了盔头，穿上了服装，坐在舞台后面静静地候场。前面由马崇仁主演的《铁笼山》已经到了尾声，下面该轮到李鸣盛上场了。李华亭的好友著名鼓师白登云先生坐到了司鼓的位置上，曾给谭富英先生操琴的耿少峰先生也给胡琴定好了弦。张连福先生守在台帘旁边给这位弟子把场，以免他在台上由于紧张而出现万一。在戏里扮演曹操的裴盛戎先生和扮演吕伯奢的哈宝山先生，一再嘱咐这位"小陈宫"：别慌！有我们兜着呢，放开了演，错不了……

银色的灯光洒满舞台！锣鼓一响，童伶须生李鸣盛出场了，一个亮相儿，台下"好！"声一片，掌声四起，先给这位打炮的小老生一个碰头好儿。随着他那规规矩矩、韵味十足的唱念，剧场里有些骚动，

开始对这位"小陈宫"评头品足。当然捧场最起劲的还是那些京剧圈里的叔叔伯伯们，他们个个面带笑容，赞不绝口。有的说："不错，功底挺扎实。"有的说："是个唱老生的好苗子，有出息。"还有的向李华亭表示祝贺："李老板，这回你可称心如愿啦！"明亮的灯光，打在这身高不足一米五、穿上一双特制的厚底靴也没多高的"小陈宫"身上，虽然脸上带有几分稚气，但他迈着四方步，显得那样沉着、稳健。刚才上台前那惴惴不安的心情，早被台下的喝彩声给冲到了九霄云外。他是今天全台戏中最小的一位演员，梁雯娟比他大四五岁，裘盛戎虽已唱了十来年的戏，此时也只有二十四五岁，所以实际上，今天是唱了一台娃娃戏。老北京人特爱看娃娃戏，娃娃们演戏非常认真，李鸣盛当然也不例外。

李鸣盛好像生来就是这戏班里的虫儿，尽管台底下是黑压压一片，座无虚席，但他并不怯阵，还真有点角儿的派头。在锣鼓家伙的伴奏下，他不慌不忙，一招一式，节奏分明，甚至连一个眼神也不含糊。当演到曹操杀死吕伯奢之后，陈宫劝曹操的一段戏时，李鸣盛手持马鞭，有滋有味儿地唱起那段在京戏迷中广为流传的【西皮慢板】"听他言吓得我心惊胆怕……"台下的观众被他这声情并茂的表演打动了，喝彩声接连不断。

往常开戏时剧场里的叫卖声听不见了，飞手巾把的精彩表演看不见了，观众席里乱走动的人影也都停止了，只有"嗷嗷"的喝彩声和"哗哗"的掌声此起彼落……这火暴场面让李华亭着实陶醉了，往日的情景历历在目。李华亭不由得想到："儿子是在马先生这位伯乐的鼓励下，才干上这行儿的。为了学戏，这个娇生惯养的小鸣盛，每天早起晚睡，汗流浃背，从不叫苦叫累，今天的成功，来之不易呀！今后，还要让儿

子……"又是一阵雷鸣般的掌声，打断了他的思绪。抬头一看，儿子已经站在台口处谢幕了，他正面带微笑频频向观众鞠躬致谢！首演的成功让李老板心里美得乐开了花，李夫人更是激动得热泪盈眶，再看看坐在李老板身边的马连良先生和马夫人马三奶奶，也都早已乐得合不上嘴。两位夫人紧拉着手，连连地夸奖着李鸣盛："这孩子真有出息！将来准能成个名角儿。"

李鸣盛在广德楼一炮打响以后，借着这股兴劲儿，又接连演出了《奇冤报》《甘露寺》《红鬃烈马》《托兆碰碑》《上天台》等戏。当时报纸对演出的情景不断做出了及时的报道，如："（特讯）梁雯娟与李鸣盛自组班出演两期，成绩均佳，前晚在广德，梁之汉明妃，李之奇冤报，均得聆者之赞许。下星期四晚仍出演广德。梁小姐演玉堂春，三堂会审监会团圆，一次演全。李演甘露寺、回荆州，分饰前乔玄，后鲁肃，雯娟再饰孙尚香。鸣盛纯宗马派，仿摹温如，有极精彩处，助以马崇仁之赵云，更为全剧增色……"

再如："（特讯）梁雯娟与李鸣盛合组一班，出演广德，成绩甚佳。二十六日晚八开明（剧场）演唱，大轴为探母回令。梁饰铁镜公主，李饰四郎延辉，由哈宝山饰杨延昭，陈盛泰饰杨宗保，朱桂华饰四夫人，马履云饰佘太君，苏庆山、高富全饰二国舅，配搭极为齐整。"

从此，北平几个大戏院如新新、开明、长安、庆乐的舞台上都留下了李鸣盛的足迹，北平观众对童伶须生李鸣盛的名字渐渐熟悉起来……

李鸣盛登台仅仅四个月，就名声渐起。1940年2月26日，他以童伶须生的身份，搭入名坤旦吴素秋的剧团，在天津中国大戏院首次亮相。在这里演出，非同一般，李华亭是这个戏院的元老，什么样的名角儿他都邀来过。这里观众的欣赏水平之高之苛刻，他心中比谁都有数，

如果儿子挑不起主演的大梁来，那将毁了他的舞台生命。来天津前的北平数十场演出，李华亭早就看到眼里，记在心底，儿子现在的演技达到了什么程度，他已胸中有数，所以才敢让儿子斗胆来闯天津卫。吴素秋剧团的阵容实力强大：有花脸演员袁世海、武生演员傅德威、小生演员江世玉、丑角演员孙盛武、老生演员关德咸等。李鸣盛论年龄在全团中最小，论艺龄在众艺员中也最短，而他竟在剧团中挂二牌老生，地位仅次于已经相当走红的名旦吴素秋，这并非易事。李鸣盛虽小，但也清楚自己肩膀儿上的分量。

此刻在天津报纸上登出了"特聘北平童伶须生李鸣盛艺员参加吴艺员素秋剧团内同台露演"的醒目特大广告之后，天津的戏迷纷纷慕名前来。李鸣盛旧地重游倍感兴奋，他想起姐姐带自己走后门看戏的情景，好像就发生在昨天。今天自己就要登上这个大舞台了。他铆足劲暗下决心要在天津卫打响这第一炮，好给父亲和师父们露脸、增光！

一连十几场下来，他是越演越熟，越演越好。

戏是唱红了，但掌声喝彩下，李鸣盛也尝到了从艺的艰辛。在天津，他台前演着一出出大戏，台后也"演"了一出小插曲儿。那是到了天津后的第三场演出，戏码儿是吴素秋和李鸣盛的全部《四郎探母》。李鸣盛扮演杨四郎，一人演到底，（有的团可由几个演员分饰前后部杨四郎）这对这十几岁的孩子来说，戏够重的。不巧，那天给他戴盔头的伙计把头勒紧了些，时间又太长，李鸣盛感到一阵阵头晕恶心，最后实在难以忍受，脾气上来了，说什么也不想唱了。李华亭一看，这哪儿成啊，戏还没演完，"杨四郎"却不见了，怎么向观众交代呀。他知道虽然儿子在台上总是演戴胡子的长者，唱的是大戏，但他毕竟还是个孩子。累了乏了也需要哄哄，这时李华亭忽然想起儿子曾想要一辆

自行车，对，就这样办！李老板亲切地对这"杨四郎"说："再坚持一下，等把这戏演完，明天爸爸给你买辆自行车。随你自个儿挑拣。"这样"杨四郎"才继续出场，总算把这出全部《四郎探母》唱完。第二天，李华亭果然带着儿子，花17块钱买了一辆黑亮亮的自行车，还了这个愿。要想成为一个好演员，只凭天赋还远远不够，需要舞台上的艰苦历练。李鸣盛稚嫩的肩膀就是这样一次次在繁重的演出磨砺下，渐渐变得壮实宽阔起来……

李鸣盛登台不足两年，不仅在北平打响了，在天津也唱红了。1941年元月，"四小名旦"之一的毛世来改组他的和平社剧团，把李鸣盛聘为二牌老生，也意味着李鸣盛成为这个社的主演之一。其他演员大部分来自北平的最大京剧科班富连成。演员中如陈喜星（老生）、陈盛泰（小生）、朱盛富（武旦）、陈盛荪（青衣）、艾世菊（丑）、詹世甫（丑）、叶盛茂（花脸）、罗盛公（丑）、江世升（武生）及胡少安（老生）、何佩华（赵燕侠的老师）等，阵容相当齐整、强大，李鸣盛年仅15岁，就一跃成为和平社的第二大主演，这个担子够他挑的。李华亭安排儿子进和平社，并非想让他去挣大钱，而是让他在这实力雄厚的班子里，再度摔打锤炼。李鸣盛也深知父亲的一番苦心，他明白：严是爱，松是害。

的确，李鸣盛先后在和平社与毛世来等人合作了两年多的时间里，技艺大长，所学的不少重头戏，都在舞台上得到了充分的实践。如与富连成的名旦陈盛荪合演生、旦对儿戏《打渔杀家》《武家坡》，生、旦、净三头并重的《二进宫》，还有全部《法门寺》《大战宛城》《穆桂英》《翠屏山》及《黄金台》《搜孤救孤》《阳平关》《秦琼卖马》《失街亭》等。

还是应了戏班里常说的那句话"千学不如一看，千看不如一演"，李鸣盛通过两三年在舞台上马不停蹄地演出实践，在与众多名家合作中，艺术拾阶而上，日臻成熟。但赢取艺术桂冠岂会平川坦途，一帆风顺，殊不知还会遇到多少风吹雨打、沟壑险滩。

5

孩子——倒仓了!

梨园界有这么一句话格言,那就是"子弟无音客无本"。这短短七个字,道出了一个理儿,也就是说一个人想唱戏没有嗓子(指嗓音条件差),就如同想做买卖手里没本钱一样。本来嘛,戏的行腔儿,要靠嗓子去唱;戏里的词儿,要凭嗓子去说。演戏最讲唱、念、做、打,这是戏曲表演的四种艺术手段,也是戏曲表演的四项基本功,而把唱和念放在前两位,就更足以说明它们的重要性了。况且从前人们又讲究是"听戏",观众在台下摇头晃脑,打着节拍,边听边咂摸着韵味儿。演员在台上唱,若是嗓子不好,一张嘴,不但自己觉着别扭,别人听着也难受。戏班里还有一句话"练武的靠膀子,唱戏的靠嗓子",这又告诉人们,一个人要是没嗓子,干脆就别想吃这碗"开口饭"。

这嗓子的好与坏有多种原因,有的人父母嗓子就好,他们所生的儿女,也大都嗓子不错,这要归功于遗传基因,也就是人们常说的爹妈给的天赋好嗓儿。像京剧前辈丑角郭春山老先生,他嗓子脆亮、响堂,出口就可灌满场,两个儿子郭元汾、郭元祥,嗓音条件也都出类拔萃,哥儿俩唱上一句,真能声震屋瓦,以后郭元汾成了一名优秀的金(少山)派花脸,郭元祥则成了一位京剧名丑。也有的人遗传基因并不理想,但

自己能刻苦练习，几经寒暑，硬是喊出一条好嗓子，这叫功夫嗓儿。还有一些人，小时候嗓音相当不错，高低宽窄、游刃有余。可一旦变声，嗓音要高没高，要亮不亮，嘶嘶哑哑，一落千丈，所以说，变声过程，是专业演员职业生涯的重要时期，变声期如若过渡不好，嗓子就"废"了，天赋异禀者亦泯然众人矣，那么他的舞台生涯也就随之暗淡无光，坠入痛苦之渊。

青春期变声，戏曲界称之为"倒仓"。倒仓顾名思义，就是供人吃饭的粮仓倒了，那还怎么生活？因此，凡是唱戏的男孩子，最怕倒仓这一关，李鸣盛也不例外。

那一年李鸣盛17岁，正搭班在四小名旦之一毛世来组建的和平社里唱二牌老生。两年来演了不少戏，如《桑园会》《乌盆记》《打渔杀家》《翠屏山》《法门寺》《龙凤呈祥》等。那时候仗着年轻气足，精力充沛，他越唱越红火，每天除了唱戏，什么都不想，真是无忧无虑。单说这一天，他与毛世来同台演出全部《穆桂英》，李鸣盛扮演杨延昭。前半出主要是毛世来的戏，后半出的《辕门斩子》，就看李鸣盛的了。老先生们常说，京剧老生戏里最不好唱的属"三斩一碰"。三"斩"就是《斩黄袍》《斩马谡》和《辕门斩子》，一"碰"就是指《碰碑》。这几出戏，唱工繁重，难度大，一般功夫稍差、嗓音条件欠佳的演员，都不敢轻试。这时候的李鸣盛嗓音清脆嘹亮，一张嘴就如同小铜钟一般。一出《辕门斩子》中的【西皮导板】转【慢板】的唱腔，唱得满宫满调，高低不挡，游刃有余，今日比往日显得格外响亮、痛快。台下一阵阵掌声不时传入他的耳际。观众的反应如此强烈，怎能不叫李鸣盛激动万分呢。散了戏，李鸣盛回到家中，喜悦使他忘记了演出的疲劳，他自豪地向母亲谈起了晚上演出的情景。当妈的见鸣盛越唱越见出息，自然

对这个宝贝儿子更疼爱有加，一桌丰盛的夜宵，算是对儿子最好的犒赏。这一宿鸣盛睡得分外香甜，在梦里，他似乎又唱起了这出痛快淋漓的《斩子》。

俗话说："乐极生悲。"第二天，按照惯例不管头天多晚休息，照旧早起练功、吊嗓儿。李鸣盛漱洗完毕，习惯地抻抻嗓子："咦——啊——"谁知嗓子竟不听使唤，甚至声音嘶嘶啦啦。"可能昨天晚上兴奋过度，话也说得多了些，有些疲劳。"他心中暗暗琢磨，也没太往心里去，觉得稍事休息就会缓过来了。

操琴的老师来到家里，李鸣盛像往常一样开始吊嗓儿："老眼昏花路难行"。

这是一段很普通的【二黄原板】唱腔，音调不高，节奏平缓。《马鞍山》中的这几句唱，历来在李鸣盛面前只是小菜一碟儿。可是今天他刚一张嘴就觉得力不从心，"老"字一带而过，而"眼"字需微微上挑，这个实际并不算高的腔，竟然爬不上去。虽然老师把调门降了又降，但他还是非常费劲。一段唱腔就这样勉勉强强对付下来，再瞧李鸣盛的脸已涨得通红，活像个小关公。

"先生，您看我是不是嗓子发炎了？"

"不像。"老师看着李鸣盛思忖着。

"那是怎么回事，昨天还是好好的。我的嗓子从来没闹过毛病。"李鸣盛不解地问。

老师看看他那副天真的样子笑笑说："孩子，你倒仓啦！"

倒仓？这是多么令人可怕的字眼儿，李鸣盛听后，真如同一盆冷水泼上了头顶。他从小生长在戏班这个圈子里，有关艺人们倒仓的故事，也从大人们那里听到过不少。有多少在科班儿里红得发紫的学生没倒仓

倒仓期间的李鸣盛

之前，受着同行的羡慕、观众的赞扬，就连师父们也连捧带哄地给予特殊照顾。可是一旦倒仓，主角儿再也唱不上，嗓子倒得略好一点，给别人来个二三路的角色；倒得苦一些，就只能为师兄弟跑跑龙套，装装狗形、虎形什么的。要不就改行另谋生路。

老师走了，鸣盛一个人躲在屋子里暗暗落下了眼泪，他怎么也没想到一夜之间自己那金嗓钢喉，竟会消失得无影无踪。这突然的兴尽悲来，让他在以后几天里，不思茶饭，无精打采，学戏也没有了劲头儿。是嘛，即便学的戏再多，嗓子没了，还怎么去唱。

李华亭和王韵甫老两口儿，毕竟在戏班里混了几十年，见多识广，对儿子倒仓并不大惊小怪，他们懂得这是男孩子的正常生理现象，这一关非迈过不可。另外，李华亭也绝不会因为儿子倒仓而让他改弦更张另谋出路，使多年来花费的心血付诸东流，眼下要让儿子振作起精神，帮助他加意保护嗓子，过好"仓门"。为此，当爹的为儿子制订了严格的学习计划，当娘的对儿子更是无微不至地悉心照料。十六七岁的孩子，正是贪睡的年纪，尤其在冬天那滴水成冰的早上，谁不想在热乎乎的被窝里多偎一会儿。可是在戏班里，这个时候也恰恰是倒仓的孩子们喊嗓子用功的最好时刻。清晨的空气新鲜，到城外或僻静的公园喊嗓子不影响别人，也不受别人干扰。李鸣盛当时住在北京宣武门外的潘家河沿，所以相距不远的窑台儿就是他专门喊嗓子练功的去处。

窑台儿，就是今天的陶然亭公园。今日陶然亭，碧草如茵，花木满园，亭阁幽雅，湖水清澈。进入园中，犹如步入仙境。可是解放前的窑台儿，却是个有名的乱葬岗子，残垣断壁，杂草丛生，老鸹遍野，满目荒凉。胆子小的人如果走到那里，定会毛骨悚然。而李鸣盛就在这个地方，练功喊嗓，一连经历了几个寒冬酷暑。

残星尚未隐去，坐西朝东的正房里，不时传来父母的阵阵鼾声。将将入梦只有5个小时的李鸣盛，此时也睡得很香很香。"吱儿"一声，虚掩的房门开了，一条小叭狗儿跑了进来，它来到小主人的床边，伸出舌头把主人舔醒。这条可爱的小叭狗儿是李鸣盛在天津上学的时候，一个要好的同学送给他的，李鸣盛给它起名"凯利"。凯利有一身金黄色的卷毛，短短的小尾巴，大大的嘴，非常惹人喜爱。从天津到北京，李鸣盛总离不开它。每天不论学戏、练功多忙，也要给它洗澡，带它去遛弯儿。小凯利对小主人也很忠诚，每当李鸣盛吊嗓、拉戏，它就老老实

实在一边看着、听着，有时还高兴地摇摇它的小尾巴表示赞赏。不过小凯利也很厉害，一次名丑马富禄先生到李家来串门儿，还没进屋就遭到它的袭击，一件新新的皮袄，被凯利咬破了。以后，马富禄再来李家，务必先用他那洪亮的嗓子喊两声："哎，那小叭狗拴好了没有哇？"等家里人听到叫声把凯利拴好，他才敢进门。由于小凯利和小主人有着深厚的感情，所以每天为李鸣盛喊嗓叫起的任务，就落在它的身上。

李鸣盛被凯利舔醒以后，连忙穿衣下床，小凯利便一溜烟儿跑到前边街口等候。解放前的北京街道，路灯寥寥，十分昏暗。通往窑台儿的路更是黑咕隆咚，凯利总是跑在前面给主人带路。一次快到窑台儿的时候，凯利突然叫个不停，李鸣盛不知前边出了什么事，乍着胆子往前走，模模糊糊见有个人，等走近一看，吓得他头发根儿都立了起来，原来树上挂着一个上吊的人。

到了窑台儿，鸣盛径直找到自己经常面对喊嗓子的那段城墙，然后放开喉咙练了起来。

"咦——啊——"这是习惯性地遛遛嗓子。

"且慢呐！""黄忠来也！""夏侯渊呐我的儿喏！"这是《定军山》里老黄忠的念白，它抻练演员的嗓音要高低自如。再有就是气不容缓地背诵《清官册》中寇准那长达一百多句的念白。

"潘洪，我把你这卖国的奸贼……"

这段念白，表现了身为御史的清官寇准，在大堂之上对奸相潘洪迫害杨老令公一案的严肃审判。词句中有追述，有质问，有谴责，有愤恨，措词激烈，义正词严。在节奏上也要求跌宕有致、疾徐分明。演出中演员必须要把这段词念得情真意切、细腻感人。这大段念白是个很好的教材，在台下用这喊嗓子，既能锻炼气力、气口儿，还能锻炼嗓子的

耐久力。每天在窑台儿喊嗓儿，一喊就是两个来钟头，只喊得嘴皮子发木，口干舌燥。有道是"冬练三九，夏练三伏"，就这样李鸣盛从不间断地一连坚持好几年。

去窑台儿喊嗓子的梨园子弟何止李鸣盛一人，像以后成为艺术家的李和曾、陈永玲、迟金声、于世文、郭元汾及万小甫、龙槐榆、康元健、陈世鼎、刘元鹏、狄永瑄（即著名评剧演员狄江）等人，那时都是那里的常客。每天天不亮，大家就陆续从家中来到窑台儿，这一群生龙活虎的青年人见了面总是爱说爱笑、爱打爱闹的，虽然如此，但用起功来却非常严肃认真。你喊你的《击鼓骂曹》，他喊他的《连环套》；你那边是"咿咿呀呀"的旦角"引子"，他那边是一声声大花脸的"哇呀呀！"这时间，若有那嗜好如癖的戏迷在这窑台儿转上一圈儿，那可算得上大饱耳福了。

每当这伙年轻人各自完成功课之后，便聚在一起在附近的草垛上翻上几个跟头，然后边说边笑地离开窑台儿。在路上，李鸣盛和伙伴们还忘不了在嗓子上做做游戏。来喊嗓的都是"倒仓鬼"（这是他们自己的戏称），所以在说笑中难免有人嗓子要"冒嚎儿"（即出现岔音），一旦谁说笑冒了嚎儿，就会引得伙伴们哄堂大笑。为了避免冒嚎儿，不知谁出个主意，在每天分手时，都要互致再见告别，如果谁在打招呼时出了岔音，就罚谁第二天负责给人家掏钱买早点。为此，大家都格外小心，但是仍会有人在情绪放松的时候说话冒嚎儿。

李鸣盛从窑台儿喊嗓子回来，家里人才刚刚起床。等他漱洗完毕，就要准备进行一天中的第一堂课——吊嗓子。李华亭先后给儿子请来不少操琴的名家高手，像沈玉秋、李长清、李德山、李铁山、朱家夔、李荣岩、李志良、迟天标、耿少峰等。

戏曲唱腔是听觉艺术。好嗓子唱上几段可使人感到十分悦耳，是个享受，越听越爱听。若是不好的嗓子，甭说唱上几段，就是唱上几句，别人的耳朵也会难以忍受。李鸣盛在倒仓以后，刚开始时，声嘶力竭地连一段《失街亭》中诸葛亮的【西皮原板】"两国交锋龙虎斗"都难以唱下来，刚唱几句，便已是满头大汗，就连一向温和柔顺的大姐李多芬听了，也要堵着耳朵忙说："快别往下唱了，太难听，我这耳朵实在受不了！"此时李鸣盛也是哭笑不得，无奈得很。要想摆脱这倒仓鬼的生活，只有心里长牙下苦功去喊、去练。老师们说得好："要想人前显贵，就得背地受罪。"于是，他对自己要求更加严格了，喊嗓、练功、学戏，哪一样也不要人催促。李鸣盛这种要强心也使得老师们很受感动，老师抄起胡琴十分耐心给他吊嗓，说劲头，他呢，也不再爱面子，拉下脸来一遍一遍认真地练。时隔不久，他的嗓音终于有了明显好转，一些分量较重的戏如《龙凤呈祥》《连环套》《战宛城》《捉放曹》《借东风》也渐渐能应付了。终于，李鸣盛闯过了倒仓这一关，开始向新的艺术阶梯上迈进。每当回忆起倒仓喊嗓这一段生活时，他总是情不自禁地想起父母的温暖、老师的关爱，也想起了每天叫他早起晨练、为他立过大功的那只可爱的小狗儿——凯利。

6

在 “倒好儿” 中成长

凡是梨园界的人都知道，走遍全国各地，唯有天津卫的戏不好唱。天津人好热闹，爱看戏。看戏还有个怪毛病，你只要唱得好，他真捧你，舍得掏钱，一捧就是接连多少天，天天保你彩声不断，让你红遍天津城。百十年来，也确实捧红了不少好角儿。有人说，唱戏的只要在天津卫站住脚，天下码头都敢跑。一旦你在演出中出现纰漏，这天津卫的老少爷们儿也毫不客气，不留情面，当场给你哄堂倒好儿，以后一连几天的戏，你都甭想唱了。戏班里有多少好角儿没在天津卫栽过跟头？！半个多世纪前，北平的《新民报》就登过一篇马连良先生因演戏出错，差点儿自杀的消息：

（天津电话）著名须生马连良此次来津，出演中国（大戏院）成绩颇佳。前晚（即 1941 年 5 月 31 日）演《八大锤》，马饰王佐于断臂后，即入后台，因天气颇热，到后台将左胳膊伸出来休息。于二次出场，因仓促间，未将左臂藏入袖内，甩袖而出。迨至场上，始行发觉，当下观众大哗，立有一部分观众喧嚷退票，一时秩序大乱。法工部闻讯，立派巡捕赶来镇压，一时风波，始告平

息。马下场后，以一代名角竟因一时大意，而闹此种笑话，羞怒之下，突萌短见，乘人不备，私自走出，行至法租界十一号墙子河旁，一跃而下，由岗楼瞥见，呼人捞救上岸，上岸后乃发现为马老板……

马连良先生在天津吃过苦头儿，杨宝森先生也在天津受过瘪。20世纪40年代，一次杨宝森贴演《红鬃烈马》，在《武家坡》一折里他演薛平贵，当对王宝钏唱到"八月十五月光明"一句的时候，杨先生没有像别的老生那样，把"月光明"仨字甩个高腔，而是根据自身的条件，唱了个平腔，"月光明"也唱成了"月正明"。没想到违反了天津观众看戏的习惯，于是倒好儿四起，这哄堂的掌声没结没完，一直拍到末一折《大登殿》。最后剧院经理没法子，只得求剧院的消防队下台帮助制止。所以说，唱戏的谁在天津卫登台，都得格外小心。

李鸣盛19岁那年，也就是1946年的年初，李华亭为了让

《问樵闹府》中杨宝森（右）饰范仲禹、张金梁饰樵夫

儿子经风雨，见世面，特为儿子在中国大戏院组了一期戏，从大年初一演到大年二十，这可是个好日子口儿。演员阵容也称得上群英荟萃。由杨荣环挂头牌旦角，李鸣盛挂二牌老生。下面的名角儿还有花脸刘连荣、裘盛戎，武生钟鸣岐，老旦李多奎，旦角魏莲芳，丑角肖盛萱。戏码儿也一天比一天硬。正月初一，前面是《加官进禄》《天官赐福》《摇钱树》《穆柯寨》，大轴儿是全部《龙凤呈祥》。您听听，这戏名儿就都那么吉利，这意味着一定能来个开门红。不出所料，剧院门口早早就挂出了"客满"的大红漆牌。晚上剧场内外，灯火通明，太太小姐们浓妆艳抹，花枝招展，老爷少爷们长袍马褂，西装革履，人们三五成群，携家带眷，闹闹嚷嚷地走进剧场。剧场外，前来看戏的戏迷相聚、朋友相遇，拱手作揖，客套寒暄，互祝发财，一派过年的景象，好不热闹。剧场里面，提着壶沏茶的伙计、端着盘子叫卖"花生、瓜子、冰糖葫芦"的小贩，穿梭往来，吆喝不停。这时，台上响起了家伙点儿，要开戏了。人们陆续就座，全神贯注地看着舞台。戏一出接着一出地演，观众们一个好儿接一个好儿地叫，出出戏都是满堂彩。演员们个个精神抖擞，一个比一个卖力气，戏是一个比一个棒。大年初二的夜戏是《钓金龟》《阳平关》，大轴儿是《凤还巢》。初三晚上除了开场帽儿戏《马上缘》，随后就是李多奎的《滑油山》，钟鸣岐的《恶虎村》，压底是杨荣环、李鸣盛、裘盛戎的《大保国》《探皇陵》《二进宫》。中国大戏院台下爆满，观众是铆足了劲要捧捧这几个角儿。不管是杨荣环扮演的李艳妃，李鸣盛饰演的杨波，还是裘盛戎扮演的徐延昭，一出场个个都是碰头好儿。演员在台上也是越演越起劲，每当听到一次喝彩声，就像喝了一杯清香可口的浓茶一般，又解渴又提神。不知不觉演到了观众最喜欢听的、最过瘾的《二进宫》这

一折。尤其是生、旦、净仨人儿咬着尾巴唱的那段【二黄原板】,让人听了痛快、过瘾。戏一开,观众就格外起神儿,支棱着耳朵,仔细品味。杨荣环不愧是北京荣春社的高材生,二十多岁正当年,嗓音又甜又亮,别瞧是个男旦,唱起来比有些坤角儿都强。裘盛戎先生虽然没有金少山那黄钟大吕般的嗓门儿,可韵味醇厚,也很耐听,这二人都是一句一好儿,得的彩声不相上下。李鸣盛这时候也唱了不少戏,经验是有了,可自从倒仓以后,还没完全恢复过来,遇到大的唱工戏,不免有些含劲。作为这出戏中挑大梁的老生,观众对他看得很重,每句唱完,也是好儿声不断。戏唱到后边,轮到杨波唱"吓得臣,低头不敢望"一句,李鸣盛已经感到很累,有点力不从心,心里难免犯嘀

年过花甲的李鸣盛(右二)来到北京粉房琉璃街的故居,向记者讲述当年学戏时的情景

咕。因为"吓得臣"三个字，按常规是个向高甩的腔儿，李鸣盛怕自己向高处唱，一个高腔没翻上去，嗓子出岔冒嗓儿，灵机一动，用了平腔一带而过。他万万没有料到，"吓得臣"三个字刚一出口，就像捅了马蜂窝一样，台下一片骚动。按惯例"吓得臣"三字只要把腔甩上去，就是一个满堂彩，今天李鸣盛唱完这三个字，台下立刻响起了一阵掌声，不过，这可是在叫倒好。在掌声中夹杂着口哨声、唏嘘声，喊"嗵"的、起哄的就像开了锅。台下一片乱糟糟，台上的唱再也听不清了，直到乐队的唢呐已经吹起了尾声，台下还是没闹腾完。

李鸣盛懵了，挺好的一台戏，谁料到愣让他一句"吓得臣"的平腔给砸了。戏班里、戏院里，大伙儿的心情可想而知。要说心里最不是滋味儿的，要属李鸣盛的父亲李华亭。他是中国大戏院的后台经理，角儿是他邀的，戏码是他定的，大过年的，儿子惹出这么个乱子来，真是……唉。虽心里有些个懊恼，但李华亭不愧是闯江湖的人，见多识广。他知道天津观众的脾气，也清楚儿子的功底。他对儿子是又生气又心疼。当着众人不好说什么，回到家里，老两口对儿子好好安慰了一番，让儿子打起精神，一定要把这个影响挽回来。

自大年初三这场戏栽了以后，李华亭每天给儿子安排的戏码儿，基本上没有太吃功夫的，诸如《八大锤》《桑园会》《问樵闹府》《双狮图》《借东风》《坐楼杀惜》《游龙戏凤》《打渔杀家》等等。这样，李鸣盛就不那么紧张了，十几场戏平平安安地演下来，他的情绪也随之平稳。眼看这期演出就要结束，意想不到的是，父亲在最后一场戏的戏码里，竟安排自己和杨荣环来了个双出。最要命的是中轴子全部《四郎探母》，大轴子是《大八蜡庙》。在后边一出戏里，他扮个老英雄褚彪倒没什么，而这《四郎探母》的杨四郎，可要比《大·探·二》的杨波吃重得多。

何况《坐宫》后面还有个【嘎调】。李鸣盛心里直犯嘀咕:《坐宫》里面"叫小番"这【嘎调】,比《大·探·二》要难得多,爸爸干吗要安排演这出戏?……

虽然这一天的戏是最后一场,但它也关系着戏班和戏院声誉的好坏。一听说李华亭要把《四郎探母》这天的戏报贴出去,大家的心都不约而同地紧缩了一下。初三那天晚上得倒彩的情景,对这些人犹如昨天刚刚发生的一样。这出唱念繁重的《四郎探母》,李鸣盛能拿下来吗?万一再有了闪失,那可怎么得了哇!剧院经理孟少臣让他管事的大儿子孟广明首先找到李华亭,商量是否把《四郎探母》换成别的戏。场面头儿、打鼓的郭少安也来劝李华亭,说要慎重从事,考虑考虑后果。就连戏院里的茶坊,见到李华亭都请求他别难为李鸣盛,毕竟他还是个孩子。可是李华亭牛脾气一上来,谁说也不成,戏报就这么贴,戏就这么演。到了演出的当天,李鸣盛的母亲王韵甫更是揪心攥肝的,白天一再嘱咐儿子,千万不要出门,也不准多说话,唯恐耗费精力,影响晚上的戏。其实不用母亲叮嘱,李鸣盛这天也分外老实,真是一朝被蛇咬,十年怕井绳。就瞧他独自一人蜷卧在床上,皱着双眉,逢人不理、一语不发。姐姐李多芬看到弟弟这份可怜模样,心中不免有些心疼,可是父命难违,再说,谁也替不了他上场啊。

正月二十日的夜戏终于开幕了,台下观众黑压压一片,又是一个爆满。其中不少人大年初三那天就坐在台底下,今天是特意来看看李鸣盛这出戏到底怎么唱。前面大武生钟鸣岐的《战冀州》唱完了,获彩不少。下面该《四郎探母》开锣了。李鸣盛扮演的杨四郎一出场,台底下观众没偏见,照旧给了他一个碰头好儿,一大段【西皮慢板】"杨延辉坐宫院自思自叹"也算四平八稳、韵味十足,观众还算满意。杨荣环扮

演的铁镜公主一上场，演出气氛立刻升温。有杨荣环的帮衬，李鸣盛也就踏实很多。杨延辉跟铁镜公主的几段对唱，李鸣盛和杨荣环表现得都很出色。随后杨四郎与铁镜公主商议由公主前去盗令，扮演铁镜公主的杨荣环刚刚下场，就在这节骨眼儿上，台下忽然掌声雷动，这种掌声在平常演出是从来没有的。台上的人都知道，观众这是有意在拿掌声刺激演员，因为这下边就该听杨四郎——李鸣盛怎么唱这段【快板】接【嘎调】了。

杨四郎这儿的唱词是：公主去盗金钺箭，本宫才把心放宽，扭转头来叫小番——这"叫小番"的"番"字，必须有穿云裂石的气魄——激昂高亢，有穿云破雾的气势——直冲九霄，让人听得酣畅淋漓、痛快过瘾。

这时候郭少安坐在司鼓位子上，手里拿着鼓楗子，心里却腾腾直跳。围在台旁边看戏的同行，人人手心儿里捏着一把汗。经理孟少臣和儿子孟广明，两眼直愣愣盯住台上。姐姐李多芬和母亲在后台，一会儿伸着头往台上看看，一会儿又缩回来。在李鸣盛要唱这句的时候，李多芬两眼紧闭，用双手食指堵住自己的耳朵，就怕弟弟唱不上去再招来倒彩。而只有李华亭在场子里谈笑自如，若无其事，其实呢，他心里比谁都紧张。

关键时刻到了，李鸣盛把前几句【快板】唱得字字干净利落，句句铿锵有力。"扭转头来"几个字一出口猛地收住，此时，偌大个戏院台上台下鸦雀无声，大家知道好坏就在此一举。当李鸣盛再张嘴时，"叫小番"的"番"字，一个【嘎调】——异军突起，扶摇直上，神完气足，酣畅淋漓。哗……一阵疯狂的掌声，顿时震撼了中国大戏院。李鸣盛真不含糊，初三那天一句砸了锅的影响，今晚终于一嗓子给挽回来了。

戏散之后，郭少安、孟广明等人及前台的茶坊、后台的演员，都涌向李华亭，向他祝贺。这时候送入李鸣盛耳际的美言美誉也接二连三，但他的脑子里却清晰萦绕着父亲那句响亮的话："孩子，在哪儿栽的跟头，就要在哪儿爬起来！"

　　李鸣盛在天津栽的大小跟头不止一次，不过，他每次都跟自己较真儿，努力总结教训，摔倒爬起，摸索"出其不意制胜"之成功经验，尽量让倒好儿一天比一天少。事隔多年以后，李鸣盛再去天津演出，观众对他格外欢迎。一位当年在中国大戏院工作过的老人对他说："咱们天津卫的观众，就喜欢你那个'横'劲儿，你今天这么受欢迎，那是用倒好儿换来的！"

7

杨派魔怔

　　40年代的北平城人口没有这么多，也不像今天这么热闹、这么繁华。尤其到了晚末晌儿，商店早早关门上板儿，大街上冷冷清清，一些无事可做的人就渐渐进入了梦乡。但是也还有一些"夜游神"不甘寂寞。位于宣武门外的麻线胡同，有一所宅院，常常在夜里头一点多钟，传出一阵阵悦耳动听的皮黄腔。这家的唱主，就是名列京剧四大须生之一的杨派创始人杨宝森先生。

　　杨宝森出身于梨园世家，他爷爷杨朵仙和梅兰芳的祖父梅巧玲是同期的著名花旦。杨老爷子有两位公子，长子取名小朵，子继父业唱花旦，后来名声不在其父之下。次子孝方学武生，以后以擅演俞（振庭）派戏而著称。清朝末年，小朵、孝方兄弟先后成家，小朵得子宝忠、宝义，孝方得子宝森。叔伯兄弟三人都干上了梨园行儿。老大宝忠、老三宝森学老生，老二宝义学花衫。可惜宝义刚刚步入青年，就被病魔夺去了生命。老大、老三经过刻苦努力，一个成了一代京胡大师，一个成了杨派老生的开山鼻祖。

　　再说这杨宝森，干吗非要在深更半夜里遛嗓子唱戏呢？其实这就是他的习惯。从前，唱戏的艺人大都有个不太好的习惯，往往是早晨不

杨宝森

起，晚上不睡。可也是，戏园子里从掌灯开戏，一唱就是五六个钟头，等打住戏卸完妆，就到了第二天凌晨一两点。艺人们唱完戏，劲头儿正兴，要聊聊当天的戏，还要吃夜宵，就这样，边吃边聊，越聊越精神，吃完聊完磨磨蹭蹭天也就快亮了。长此以往，艺人们便养成了"夜游神"的习惯，白天当作晚上过，晚上当作白天过，即便是晚上没戏，也积习难改，阴阳颠倒。所以说杨三爷单在这个时候吊嗓子，就不足为怪了。

杨宝森在屋里吊嗓子，为了不吵街坊四邻，把门窗关得很严。尽管如此，唱京剧的嗓音穿透力极强，房屋的墙壁门窗也不能完全隔音，何况杨宝森的嗓子在偌大的戏园子里，都能灌满全场，所以他吊嗓子的声音，仍旧传了出去。每逢杨宝森引吭高歌的时候，谁也不会料到隔墙有耳——杨宅的北墙头上，总会有个十七八岁的青年人在如醉似痴地偷听，他，就是李鸣盛。

李鸣盛12岁学戏，13岁开始登台，几年里也演了不少戏，如《定军山》《龙凤呈祥》《借东风》《洪洋洞》《打渔杀家》，甚至在《大八蜡庙》里扮过褚彪，《连环套》里演过黄天霸。总而言之，不论文的武的都唱。老生戏中有马派、余派、谭派，戏路子比较宽阔。可是若要较起真儿来，这些戏只是宗一些流派的路子，并非像余派的孟小冬、马派的王和霖、高派的李和曾等人那么专工某一个流派。20世纪40年代初，

李鸣盛当年夜半偷听杨宝森吊嗓子的墙头

李华亭协助杨宝森办起了宝华社，为了培养儿子，不久就把给杨宝森吊嗓子的琴师李长清请到家中给李鸣盛吊嗓子、说戏。李长清是余叔岩的琴师李佩卿的崇拜者，所以对余派唱腔很有研究。杨宝森初为余派传人，后来才根据自身条件加以发展，但万变未离其宗，聘用熟悉余派的琴师为其吊嗓也较合适（那时为杨宝森演出操琴的是杨宝忠，他除演出外很少到杨宝森家中，故此杨宝森吊嗓只有靠李长清）。李长清很喜欢李鸣盛，又受李华亭的重托，所以说戏、吊嗓十分上心。这个善于思索的中年人来到李家不久，便对李鸣盛的发展提出了自己的看法。一次他对李鸣盛说："你现在演的戏数量不少，可就是太杂，今后要想站住脚，让观众认你，就得正儿八经地归派。"李长清的话不是没有道理，戏曲界有史以来就讲究流派。譬如"同光十三绝"的程长庚创立了老生的

青年李鸣盛

程派，与程同期的余三胜创立了老生的余派，张二奎创立了老生的奎派。后来不管生、旦、净、丑，也都涌现出不少流派。一个流派的形成，就标志着一种独特风格的出现。由于观众胃口不同，所以各种风格、各个流派都会有一定的号召力。

演了几年戏的李鸣盛不是对归派这个问题没有思考。他原本主要是宗余（叔岩）派。余派的行腔刚健苍劲、婉转细腻、韵味醇厚，而余叔岩的嗓音又是高亢清越，立音坚挺。可是自从自己倒仓变音以后，高音拔着吃力，学余就比较困难。这时候他一边养嗓子，一边经常到宝华社看戏。在看戏的过程中，他逐渐发现杨宝森原来也宗余，是因为嗓音条件没有具备余叔岩嗓音的优势，缺乏高音，所以就扬长避短，根据自身条件，创出了一种宽厚雄浑、质朴无华的风格。李鸣盛发觉自己与杨先生有许多共同之处，决心以杨宝森为榜样，向已得到广大观众承认的杨派靠拢，发展自己。

李长清由于专为杨宝森吊嗓，因此深得杨派精髓，他逐渐把鸣盛原来所学、所演过的戏，按杨宝森的路子一一归整。但这只是唱腔、念白，因为李长清毕竟不是演员出身。要学习身段表演，李鸣盛就只有靠到剧场里去偷戏。

偷戏，乍听起来这个词好像不太文雅，其实，这在戏班来说是司空见惯的事情。旧时候，艺人们投师学戏不是那么容易，其中有多种原因。如有些艺人相当保守，戏班里曾有"宁舍十块钱，不教一出戏""教会了徒弟，饿死了师父"之说。艺人们唯恐把徒弟教成了名，反倒砸了自己的饭碗；有的人则把艺术看得过于神秘，生怕徒弟领会能力差，弄不好会糟蹋了自己得来不易的玩意儿，败坏了师父的名声；再就是一些成名的艺人，常年忙于舞台演出，又大都有吸食鸦片的嗜好，根本没有精力带学生，也不愿因教戏而影响了自己台上的演出。迫于种种缘故，致使很多有进取心的青年人，不得不把看戏当成一种极为有效的学戏方法，这就是所谓的"偷戏"。

　　要说李鸣盛与杨宝森的关系还比较亲近，杨宝森成立宝华社主要依靠了李鸣盛之父李华亭的

杨宝森在《文昭关》中饰伍子胥

鼎力相助，并由他出任社长，掌管着班子里的一切事务。李华亭也知道儿子喜爱杨先生的戏，但他不主张让李鸣盛拜在杨宝森的门下当徒弟，这自有他的想法。一来，儿子如果拜了杨宝森，按着规矩，以后只能唱杨派戏，别的流派戏就不好再演，限制了自己的发展。二来，杨宝森体弱多病，又有抽大烟的毛病，哪有闲空给李鸣盛说戏呢？真若拜他为师，也只是落个挂名徒弟而已。再者说，李鸣盛看戏偷戏有着十分优越的条件，他可以不用买票，什么时候想看，什么时候去。不拜师，也照样能学戏。有"四大坤伶"之称的新艳秋，也没有拜程砚秋为师，就靠整天在戏园子里偷戏，不是照样成了著名的程派青衣嘛！

偷戏，也不是一件简单的事情。今天如果想偷戏，您可以带上照相机、录音机或者摄像机，把剧场里的演出实况录下来，回到家里再反复听，反复看。那个年代可是没这些先进的玩意儿，偷戏全靠脑子死记硬背，背台词，背身段，背眼神，记那一招一式。

那时候杨宝森每个星期要演三四场戏。每天演什么，李鸣盛不用看报，老爷子便早就告诉他了。每当杨先生上场之前，他就已悄悄找个位子坐下来。如果是客满，便站在座位后面看，尽管有时一站就是几个钟头，他却丝毫不觉得累，因为此时他的身心全沉浸在戏台上了。今天看了杨先生的全部《杨家将》、明天又看杨先生的全部《伍子胥》。杨先生的《失街亭》《空城计》《斩马谡》他都看得津津有味。可以这样说，只要有杨宝森的戏，李鸣盛是风雨无阻、场场必到，就是有个头疼脑热，他也硬挺在戏园子里，不放过观摩的机会。

杨先生在台上唱，李鸣盛在台下小声跟着哼哼；杨先生在台上念，李鸣盛在台下默默跟着叨叨；杨先生在台上走身段，李鸣盛就在台下悄悄跟着比画。戏看完了，在回家的路上，他又把刚才在剧场看的戏，在

脑子里回放一遍，把学到的身段，手舞足蹈地重复着。走在昏暗的胡同里，心里想着戏，嘴里背着戏，浑身上下演着戏，李鸣盛痴迷地沉浸在他挚爱的戏中，忘记了胆怯，忘记了周围的一切。一次，他就这样魔魔怔怔地背着戏，不留神一头撞在了道边的电线杆子上，虽未头破血流，却也险些破了相。猛醒之后，他没顾得上疼痛，又接着边走边唱，直到回家后把看的戏带入梦乡。睡梦中的他，还不时在学唱着那一出出杨派名剧。

就这样，李鸣盛把杨宝森的戏看得滚瓜烂熟，哪怕是有时杨宝森某一出戏的某个小地方有些个细微的改动，他都瞧得出来。然后自己不厌

位于北京麻线胡同的杨宝森故居

其烦地又学又背，老师们再帮他一点点纠正。就这样，这一出出的杨派戏，也就渐渐拿下来了。李华亭看到儿子对杨派着了迷，心中十分高兴。为了给儿子创造更好的学习条件，他又在打主意想办法。正巧，在日本投降前夕，杨宝森想买房另择新居，李华亭见是个好机会，便主动提出把自己在南城麻线胡同的住房的前院让给杨三爷。这样杨宝森就搬到了麻线胡同，杨家住前院，李家住后院，虽然是各自开门，两家却仅仅是一墙之隔。

"一轮明月照窗前，愁人心中似箭穿……"

杨先生的屋里又传出了他那悲凉、凄怆的唱腔。刚刚躺下的李鸣盛听到杨宝森开始吊嗓，又急急忙忙从被窝里爬出来，穿好衣服，站在杨家的墙外仔细偷听。有时候嫌传出来的音量太小，他索性搬来梯子，爬上墙头，伏在上边聚精会神地学习。

戏没完没了地看，唱没结没完地听，一次又一次地舞台实践，这得天独厚的方便和坚韧不拔的毅力，使李鸣盛学习杨派艺术打下了坚实的基础。他没有拜杨宝森为师，甚至没有经过这位杨派创始人的任何指教，然而他却成为一名众所公认的优秀杨派继承人。

8

活脱杨三爷

　　几百年前中国就有了专门演戏的场所，宋金时期管这种地方叫"勾栏"，当时的勾栏多是临时搭的戏棚。到了清中叶，艺人们陆续进了规模较大、条件较好的室内剧场——茶园。到了20世纪初，那大大小小的剧场、戏院才相继在全国各地出现。凡是技高超艺的演员，大多是通过舞台演出而出名，成为老少皆知的一代名伶。后来有了留声机，艺人们又通过把所唱的戏，录制在胶盘上，做成唱片出售，使自己的社会知名度越来越高。再以后，各大城市设立了广播电台，老百姓家中有了话匣子，艺人们唱的戏在电台里一广播，那影响就更大了。说到李鸣盛被广大观众认定为优秀的京剧杨派传人，除去他在剧场的演出之外，很大程度是借助了他在广播电台清唱的宣传。

　　北平解放前夕，全城有好几家私立广播电台，其中包括中国、华声、民生、国华等。华声电台台长张玉昆是个京剧爱好者，他爱人朱嫱更是个戏迷（50年代朱嫱下了海，在北京京剧团当上了专业老旦演员），由于广告业务的需要，张玉昆就思谋着能在电台开出一档京剧节目，以便招徕听众。

当时北平有不少京剧票房，其中就有一个由票友组成的凤鸣京剧社。社长姚鸣桐，原是个做沙发的工人，他特别喜欢京剧，能唱老生，还专门请过著名京剧老生教师陈秀华为自己传授技艺。姚鸣桐对京剧的着迷，导致工作没了着落。一个偶然的机会，听说华声电台台长张玉昆要在电台开播京剧，为了谋条生路，姚鸣桐通过熟人找到了华声电台，跟张玉昆挂上了钩。

20 世纪 50 年代李鸣盛在《空城计》中饰诸葛亮

凤鸣京剧社的主要成员不少是京城名票,如臧岚光、南铁生、孟广亨、李适可、秦韵庵、屠楚材、杨幼堂、朱少峰、王仲林、马凤梧等,具体由姚鸣桐和孟广亨负责。谁知姚、孟合作没有几天,便闹开了矛盾。孟广亨一怒之下脱离了凤鸣社自立大旗,又联合一些专业艺人和票友成立了联友京剧社,并与民生广播电台协商合作,也要在电台举办京剧清唱和推销商品广告节目。两家京剧社,两家广播电台,暗暗竞争起来,看哪家承揽的广告多,看哪家办的京剧清唱节目受欢迎。刚开始,两家的业务开展都有一定的难度。乐队里除有少数专业的教师,如李汉卿(琴师)、罗次昆(鼓师)等人外,大部分是业余的。演员中虽然有些名票,但影响力也不大。为了扩大社会影响,两家电台又争相通过各种关系,把社会上的名角儿请来清唱。当时的北平,社会形势尚未稳定,艺人们演出状况不佳,既然电台前来相请,他们为了生活,也就应邀而至了。没多久,一大批京剧界的名伶好佬,纷纷走入电台,演唱他们各自的拿手好戏。

　　被邀请的演员当中,既有老一辈的萧长华、马德成、贯大元、侯喜瑞、王少楼、荀慧生,也有正值中年的谭富英、奚啸伯、马富禄、裘盛戎、袁世海、李少春、叶盛兰、叶盛章、慈少泉、徐东明、徐东霞,还有杨荣环、李鸣盛、陈永玲等一批后起之秀。乐队方面也是名角云集,像名琴师周长华、赵济羹、朱家夔、姜凤山、魏铭,名鼓师杭子和、侯长青、白登云。这些人被华声、民生两家电台争相邀请,今天在这家电台演唱,明天在那家电台演唱,忙得不亦乐乎。老百姓呢,都被这些名角儿的演唱紧紧吸引住了。可不是嘛,难得足不出户不花分文就能听到这么好的戏;再者说,这名角儿荟萃,机会实在难得啊。人们定时打开话匣子收听京剧清唱。产品广告诸如骆驼牌爱尔

李鸣盛在《文昭关》中饰伍子胥

染色、爱伦牌滴滴涕、寿星牌生乳灵……也就随着电波传入了家家户户,由此,希望到电台做广告的厂家也就越来越多,电台的广告业务也日益红火。

这时,二十出头的李鸣盛酷爱杨派,如醉似痴,并在老师的帮助下,把原来一些常演的剧目逐一"杨化"。他也被邀请到电台,使自己所学的杨派戏得到了充分的施展。如全部《伍子胥》、全部《杨家将》、全部《失·空·斩》、全部《捉放曹》及杨宝森先生不常露演的《定军山》《汾河湾》《秦琼卖马》等。除此,他还经常和荣春社的高材生杨荣环合演不少生、旦的对儿戏。而真正的杨派艺术创始人杨宝森,却由于常年身体不佳,公开演出不多,更难在电台里露上一面,李鸣盛也恰好弥补了这一缺憾。

广播电台的京剧清唱节目每星期有好几次,戏码儿也是时常

更换。李鸣盛参加华声、民生两家电台的清唱活动，一连有半年之久。尽管这样的演员不像四大须生那样拿到较高的报酬，每次也就发给一点儿微薄的车马费（有时甚至是尽义务），但他心中却是相当高兴，因为在这里，作为一名青年演员，可以有更多的机会与众多的名家前辈合作，得到他们的提携和教诲。譬如在他主演大戏时，著名鼓师杭子和、白登云曾为他伴奏，京胡圣手杨宝忠曾为他操琴，这些都使他获益匪浅。

那时候的电台播音条件十分简陋，不像现在具有先进的设备，可以先用胶带把戏录下来，进行编辑后再向外播放，那时都是现场直播。演员站在话筒前面，演唱时不得有半点疏忽，更不允许出差错，否则演唱者不仅砸了自己的牌子，也会给电台带来不好的影响。李鸣盛深知电台广播的重要性，所以，每当有他主演的戏，就早早地来到电台，做好一切准备；与别人合作时也非常谦虚地倾听意见。他主演的节目播出后，很快成为人们谈论的焦点。有的听众还为此打赌，这位问："您听这段《文昭关》是谁唱的？"那位答："这还用问，杨宝森呗！""不对，这是李鸣盛。""李鸣盛？"那位半信半疑地仔细往下听，等唱完电台报出演员名字时，果然不差，那位有疑虑的听众不由得佩服地伸出大拇指："嘿，真不错，杨派味儿十足，简直能够乱真！"

李鸣盛在戏园子里演杨派戏，在电台里唱杨派戏，那是大不相同。剧场里演一场，即便座无虚席，也不过就是千儿八百位观众。可要在电台一唱，听者可达数十万。不管你是当官儿的还是老百姓，也不管你是大商贾还是小商贩儿……穷的富的、三教九流都能通过家里的话匣子、商店里的大喇叭，接长不短儿地听到李鸣盛的唱。戏迷喜爱听他的唱，梨园界也对他的唱大加赞赏。因此，李鸣盛给人们留下的印象也就越来

越深，他的"小杨宝森"之名也就很快在广大听众中传播开来。要说最得意的听众那是李鸣盛的老爷子李华亭，他只要在收音机旁听到儿子的演唱，就会情不自禁地操着一嘴湖北话说道："我们鸣盛活脱宝森，活脱杨三爷！"

9

在革命的熔炉里

　　1949 年元月 31 日，中国人民解放军浩浩荡荡开进了北平城。10 月
1 日，毛泽东主席在天安门城楼上向全世界郑重宣告中华人民共和国成
立了。自打这一年起，全中国开始发生翻天覆地的变化，老北京城更是
如沐春风，万物复苏，一切都在变，越变越好。多少年来一直被称之为
"铁打的营盘流水的兵"的戏班，也渐渐建立起新的组织形式。

　　李鸣盛在新中国成立前后，曾经先后跟吴素秋、童芷苓、张君秋、
杨荣环、王玉蓉、尚小云、程砚秋等名家合作。譬如搭入秋社，给张
君秋挎刀演二牌老生，曾经同台演出《双官诰》《烛影记》《红鬃烈马》
《王宝钏》等传统戏。搭入尚小云剧团以后，与尚小云合演新编剧目
《太原双雄》《摩登伽女》《墨黛》《洪宣娇》等。后来他又参加王玉蓉
领导的蓉青京剧团以及自己挑梁的进步京剧团与名花脸王泉奎合作演
出新编的《将相和》。1952 年夏末，李鸣盛应邀第二次到上海。一天，
他和王泉奎及名老旦王玉敏等人在卡尔登（今长江剧场）演出，后台
突然来了一个身着绿色军装的年轻人，此人瘦长脸庞，双目两梢微微
吊起，英武俊朗。他就是京剧言派老生创始人言菊朋的小儿子言小朋。
言小朋子继父业，唱武生兼文武老生（后来与爱人王晓棠一起都转入

1954年军委总政京剧团部分演职员合影于北京报子街的旧团址院子里

电影界，成为了一名电影演员），当时他在中国人民解放军军委总政治部京剧团担任演员队长，这次到上海是奉了上级领导之命，专程来动员李鸣盛等一批著名演员参军。

言小朋兴致勃勃地向李鸣盛介绍了军委总政京剧团的性质，并以自己的亲身体会向他讲述了加入中国人民解放军如何光荣，部队京剧团与民间剧团有什么不同……

言小朋给李鸣盛做这么细致的动员工作不是没有道理。当时新中国成立不久，政府为了让那些在社会上有声望的艺术家们能更好地发挥作

用，为国家贡献力量，给他们的工资待遇特别优厚，其他方面也对他们加以照顾，像名演员马连良、裘盛戎、谭富英等人的月薪都在千元之上。但进入部队，工资就不会这么高。有些人怕参军后降低经济收入，有后顾之忧，难免考虑再三。

其实言小朋对李鸣盛并不十分了解。新中国成立已有三年了，李鸣盛在北京、天津、上海都目睹了解放军如何秋毫无犯、纪律严明，如何为国为民流血流汗，解放军已经给他留下了极为美好的印象——中国人民解放军是地地道道的人民子弟兵。因此，当言小朋说明来意后，李鸣盛当即痛快地表示愿意参加军委总政京剧团。这很令言小朋喜出望外，他马上返回北京向领导汇报。

上海演出结束以后，李鸣盛怀着激动的心情正式加入了中国人民解放军军委总政治部京剧团。在这里，他高兴地见到了一大批技艺高超的同行，其中有坐科于北京富连成科班的著名武旦班世超，著名金派花脸郭元汾，著名架子花脸谭世英，著名武生梁慧超，著名谭派老生谭元寿，著名梅派青衣李丽芳，北京荣春社高材生、名小生李荣安，素有"跟头大王"美誉的武丑郭金光，江南著名女武生俞鉴（小王其昌）；坐科于天津稽古社的著名武生蔡宝华及名二路老生刘顺奎等。另外，乐队里还有一批高手，如月琴大王罗万金，著名鼓师马玉山、马玉芳、马玉河兄弟。编导力量也很强，如著名作家还珠楼主（李寿民）、梅兰芳弟子刘元彤……如此强大之阵容，可谓人才济济，在地方上极为少见。大家汇聚一堂，感到无比亲切、无比自豪，感到自己再也不是走江湖跑码头搭班演戏的艺人了，而是光荣的中国人民解放军队伍中的一名文艺战士。

军委总政治部京剧团的服务对象主要是广大的解放军指战员。李鸣盛加入总政后参加的第一次大型活动便是到安东（今丹东）市慰问中国

李鸣盛在总政京剧团期间。（前排）高韵笙（左）、徐鸣远、（后排左起）李鸣盛、李荣安、刘元彤、李丽芳、俞鉴、蔡宝华

人民志愿军。1950年6月，美国唆使南朝鲜李承晚集团进攻朝鲜民主主义人民共和国，又把第七舰队派往中国台湾，不久又纠集15个国家的军队打着联合国的旗号，在朝鲜仁川登陆，将战火引向中国边境，轰炸了安东等地。安东与朝鲜仅有一江之隔。那些日子，李鸣盛和同事们耳听着不时传来的防空警报，目睹着被敌机炸得破烂不堪的祖国边陲，激愤之情难以平静。随着志愿军英勇抗敌事迹的不断传来，这些从前一直是"两耳不闻窗外事，一心演戏为挣钱"的艺人们更是受到了强烈的震撼。这一切，不仅激发了他们对侵略者的仇恨，而且对那些为保家卫国出生入死的志愿军指战员更加崇敬和热爱。李鸣盛和同志们想，我们

不能和志愿军战士同上战场冲锋陷阵，但可用好戏去鼓舞部队的士气，以最好的表演去激励战士们奋勇歼敌。

饱受战争创伤的安东，环境十分艰苦，演出条件异常简陋，演出时常遭遇敌机骚扰，随时都可能听到警报鸣叫。就在这硝烟弥漫的情况下，李鸣盛他们没有表现出畏惧退缩，反而更认真地为志愿军献上一出又一出优秀京剧传统剧目。由李鸣盛主演的《文昭关》《空城计》《龙凤呈祥》等戏，受到了广大指战员的热烈欢迎。每当台下爆发出震耳欲聋的阵阵掌声，李鸣盛他们都会由衷地感到欣慰。这掌声不是一般演出的捧场叫好，是广大指战员对慰问演出团的真诚谢意。由此，李鸣盛更感到能代表祖国几万万人民来慰问最可爱的人，不仅意义重大，而且无上光荣。

慰问中国人民志愿军归来，军委总政京剧团又风尘仆仆地开赴大西北慰问坚守在黄土高原上的解放军战士。祖国大西北地广人稀，剧团每到一个营房或哨卡，都要翻山越岭、长途跋涉。剧团外出没有轿车，演职员只能乘坐军用大卡车，在崎岖不平的道路上风吹日晒一路颠簸。行军途中常常风餐露宿，寝食难安。有一次全团乘车在山路上行驶，因道路坎坷曲折，汽车在转弯处翻扣在地，幸好抢救及时，这些艺术家方幸免殉职。还有一次，剧团结束演出后，紧接着向下一个演出地点出发，大家又困又乏地坐在车上，突然猛地一个急刹车，把众人从梦中惊醒，等下车一看，原来卡车的一个轮子已经悬空，只有三个辘轳着落在山崖路面上。再向下一看——令人毛骨悚然的万丈深渊。此情此景让大伙儿无不倒吸一口凉气，真险！那时，常常要在这样恶劣艰苦的环境中往返演出。有人经受不住这样的部队生活，开始打退堂鼓，提出要退出剧团。而李鸣盛非但没有动摇，反把这一切看

1954 年总政节目单封面

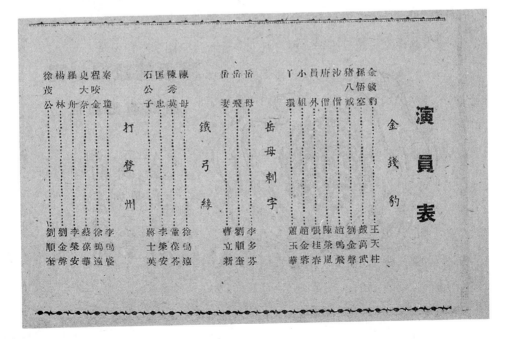

1954 年总政京剧团节目单

乾 元 山

演 員 表

太乙眞人——**樊富順**　　哪吒——**兪　鑑**

石磯仙——**班世超**　　碧　雲——**高玉秋**

　　這是一齣神話劇，哪吒是乾元山上一位神仙——太乙眞人的門徒有一天他在郊外射箭，誤傷了石磯仙的徒弟碧雲石磯仙要他給碧雲償命，哪吒那裡肯依，便與石磯仙打了起來，誰知人小力弱，不是石磯的對手，敗回乾元山，請來師父和石磯仙大戰一塲。

秦 瓊 發 配

演 員 表

解　差——**朱玉安**　　史大奈——**譚世英**

解　差——**閻韻熹**　　秦　瓊——**李鳴盛**

羅　成——**陳榮嵐**　　店　家——**蔣士英**

　　隋朝，秦瓊被害發配，中途投宿旅店中，差官羅成是秦的內親，欲放秦瓊逃走，秦恐羅受害，不從。乃修書託瓦崗英雄史大奈到瓦崗寨求救。

作是对自己的考验和锻炼。

在部队里，李鸣盛始终把自己当作一名普通的解放军战士，处处严格要求自己，没有愧对身上穿着的那套草绿色军装。他随剧团到东北白城子等地慰问冬训部队，在零下41摄氏度的严寒中，眉毛挂上了霜花，髯口结上了冰碴儿，嘴唇冷得发木，手脚冻得发僵，但他每场演出仍是尽心竭力。在南京，他为指战员表演拿手好戏，酷暑高温下，他汗流浃背，但仍一丝不苟，坚持演完。在江城武汉，演出《北京四十天》，他身患疟疾，一连数日不住地发抖，为了不影响演出，他不喊不叫，强忍着疾病的折磨继续登台，全团同志和部队官兵都为之深深感动。

1955年下半年，军委总政治部京剧团与西南军区政治部京剧院合并，西南军区政治部京剧院的石天、孙秋田、王和霖、王吟秋、李蓉芳、殷元和、张元奎、刘元鹏等人的到来，加强了剧团的阵容。不久军委总政治部京剧团全团集体转入地方，并入刚刚成立的中国京剧院，成为了中国京剧院四团，李鸣盛在剧团里和李丽芳、王吟秋、郭元汾、班世超、李蓉芳、殷元和、李荣安、俞鉴、郭金光等担任主演。不久，他接到一个光荣的任务——随中国艺术团赴埃及等国家访问演出。这是继万隆会议之后，国家派出的第一个大型艺术代表团，由军委空政歌舞团、军委海政歌舞团、新疆歌舞团和中国京剧院四团部分演职员共同组成，包尔汉任团长、马玉槐任副团长，京剧队由孙秋田和李鸣盛分别担任正、副队长。这次出访意义重大，临行前周恩来总理亲切接见了艺术团全体同志，鼓励大家作为中华人民共和国的文化使者，要为国争光。

中国艺术团带着党和人民的重托，告别祖国亲人，乘飞机跨过红

1955 年刚成立的中国京剧院四团出访越南。童葆苓（前排左二）、丁西林（前排左三）、
俞鉴（前排左四）、刘元彤（前排左五）、马玉山（二排左二）、殷元和（二排左三）、班世
超（四排左一）等一同前往

海、地中海，飞过苏伊士运河，来到了位于非洲东北部的阿拉伯埃及共
和国。李鸣盛为国际友人带去了他的拿手剧目《空城计》和《除三害》，
并且根据工作需要，在《秋江》一剧中扮演老艄翁，在《闹天宫》里扮
演天王，在《闹龙宫》里扮演水旗等。

在埃及的首场演出一炮打响，第二天埃及总统纳赛尔观看了演出。

总政京剧团《闹龙宫》剧照。左起：张正武饰孙悟空、郑菊奎饰大龙子、郭元汾饰龙王

中国艺术团以精湛的技艺轰动了这个古老的国家，演出获得了巨大成功。国际友人不仅喜爱《闹龙宫》等热闹的神话武戏，对表演细腻、唱腔动听的文戏也很感兴趣。在李鸣盛演出《空城计》的时候，台下鸦雀无声，观众以一种十分好奇的心情，注视着台上这位身穿八卦衣、手摇鹅毛扇的中国古代军事家、政治家的一举一动，倾听他绘声绘色的唱念。演到司马懿满腹狐疑，唯恐中了诸葛亮的计谋，喝令人马倒退40里时，全剧达到了高潮，观众爆发出热烈的掌声。这不是单单对剧中人诸葛亮的足智多谋表示高度的赞赏，也是对李鸣盛的精彩到位的表演给予的高度评价。

在埃及的演出结束之后，李鸣盛又随艺术团接连访问了叙利亚、埃塞俄比亚、黎巴嫩、苏丹及阿富汗，时间长达半年之久。艺术团所到之处，无不引起轰动。李鸣盛和艺术团的成员们不仅给外国友人带去了友谊，也为祖国赢得了荣誉。艺术团访问演出尚未结束，李鸣盛又接到命令，立即返回祖国，参加全国人民赴朝慰问团，慰问中国人民志愿军和朝鲜人民军。这次赴朝条件艰苦，任务艰巨，李鸣盛再次以认真的工作

1956年中国京剧院四团部分成员随中国艺术团出访埃及等国。图为部分成员在国外合影，前左一为高韵笙、前左五为徐鸣远、左四为李鸣盛

态度和出色的表演艺术，得到了部队官兵的高度赞扬。

　　参加人民解放军以后，李鸣盛亲身感受到了部队这个革命大家庭的温暖。在这里，不管是主要演员还是搞服装道具工作的职员，没有高低贵贱之分；干群之间、同志之间，情同手足。在前方慰问演出中，人民子弟兵保家卫国勇敢抗敌、不畏牺牲的精神，他感同身受；出国访问，他得到国际友人的热情欢迎，看到了祖国国际地位的日益提

1956年中国京剧院四团团赴朝慰问。张元奎（左一）、李鸣盛（左四）、李丽芳（左五）、俞鉴（左八）等一同前往

高……这一切使他对祖国、对人民、对中国共产党、对人民军队更加热爱和忠诚。

这期间，李鸣盛的思想正在发生着深刻的变化，为自己成为一名深受广大官兵和广大观众喜爱的文艺战士而自豪和骄傲。有了这个思想基础，使得他在以后的支援边疆建设、抵抗三年自然灾害考验、南北艺术家合作、三下哈尔滨教学授艺等工作中作出了巨大贡献。

10
塞上春秋

古人云"父母在，不远游"，这虽说是旧的传统观念，但当老人的总想让儿女守在身边，以享天伦之乐，这也是人之常情。李鸣盛是李华亭唯一的宝贝儿子，儿子演戏，他就利用自己在戏班里负责组班、邀角儿的方便条件，为他铺路搭桥，创造机会。20 世纪 50 年代初，李鸣盛自己挑班组建进步京剧团，大小事务也仍是由父亲李华亭主管。也就是说，从开始学唱戏那天起，李华亭、李鸣盛父子俩几乎就没有分开过。但自从李鸣盛参加革命以后，为了工作的需要，不止一次地远游。在军委总政京剧团工作的时候，李鸣盛几次随团赴东北、西北等地慰问部队，一出发就是几个月；出国访问演出，一去就是半年多。1958 年 9 月，为了支援大西北，李鸣盛毅然决然地告别了年迈的严父慈母，奔赴祖国西北——即将成立的宁夏回族自治区，并在那里安家落户，生根开花。

当时，李鸣盛所在的军委总政京剧团已改编为中国京剧院四团，这个团不仅多次出入中南海为党和国家领导人演出，还经常下部队慰问人民子弟兵，并且也时常担负出国演出任务。在赴埃及等国家进行访问演出的代表团里有位回族副团长名叫马玉槐，当时是北京民政局局长、北京民委主任。他喜爱京剧，出国期间跟京剧队的演职员搞得非常熟，关

系十分融洽。1958 年下半年，中央批准成立宁夏回族自治区，马玉槐被任命为宁夏回族自治区党委副书记。自治区的成立需要从全国各地抽调力量。马玉槐和当时自治区党委的负责同志，决意报请中央：请把他们熟悉的中国京剧院四团调来支援宁夏。

中国京剧院四团当时在北京是个又红又专的艺术团体，全团演员平均年龄只有 30 岁左右，党、团员占了全团的多一半。在思想上，多年的部队锻炼，养成了他们服从命令、不畏艰苦、雷厉风行的工作作风；在演员阵容上，拥有李鸣盛、王吟秋、李丽芳、郭元汾、王和霖、班世超、李荣安等一大批全国著名演员。四团在舞台上不论文戏还是武戏，都演得非常精彩，被广大观众誉为"没有一流的演员（指没有诸如梅兰芳、马连良等当时堪称一流的演员），却有全国一流的演出"。正是基于中国京剧院四团是这样一个各方面都很过硬的演出团体，所以文化部舍不得放他们，中国京剧院舍不得放他们，北京的京剧观众舍不得他们走。但是，为了支援祖国西北地区的文化建设，文化部在宁夏回族自治区领导的强烈请求下，最后还是忍痛割爱，把中国京剧院四团划归给了宁夏回族自治区。动员大会只开了 20 分钟，全团上下便纷纷贴出大字报表态：坚决服从上级决定。然后各自去办理户口迁移手续、处理住房……积极去做各项搬迁准备。

9 月 19 日下午，中国京剧院四团全团演职员 160 余人，偕同妻儿老小，乘坐装满服装道具、家具炊具的长长专列，离开了北京。李鸣盛和妻子也告别了年迈的父母和兄弟姐妹，携带着儿女，踏上了西行的征程。三天三夜，列车走走停停，一路颠簸，终于在 22 日下午 2 时许抵达了银川。

凡 20 世纪 90 年代后到过宁夏回族自治区的人，都会留下"塞上江

李鸣盛（中）、郭金光（左）、俞鉴在演出之余认真练功

南"的非常美好的印象。尤其是塞上古城银川，那穆斯林风格的民族建筑、鳞次栉比的高楼大厦、琳琅满目的农贸市场、现代化设备一应俱全的剧场影院……展现在人们眼前的宁夏是那样富饶美丽、多彩迷人。可是若追溯到 20 世纪 50 年代，宁夏却只能用"穷乡僻壤"这几个字来描述。中国京剧院四团刚到宁夏的时候，所谓的火车站就是几个临时搭的小帐篷；道具、行李一件一件从铁道上推滚下来，演职员们再肩扛手抬把东西运到仅有的几辆破旧卡车上，然后运往十几里路外的市里。京剧团住的地方更是一贫如洗，别说练功房，就连宿舍，也只能几家人临时

挤在一间土坯盖的大屋子里，户与户之间挂个布帘；学生们就分别住在原来孵化小鸡的土炕上。饮用水要到黄河里去拉，市内的水又咸又涩，爱喝茉莉花茶的演职员，再也闻不到那沁人心脾的香味。练功、排戏没有场地，只能在院子里进行。当时的银川市人口稀少，条件极差，站在市中心的鼓楼下面，一眼就可以看到市区东西南北的终端。当时有人形容银川说"一个公园两只猴，一个警察看两头"，似乎也不为过。每当天色一黑，大街上便行人寥寥，只有屈指可数的几家小商贩在昏黄的油灯下，做着鸡蛋醪糟、西瓜泡馍、熏鸡熏蛋的小本生意……

李鸣盛 20 世纪 60 年代在清唱

四团到宁夏后，面临的首要工作就是白手起家、自力更生建设自己的新家园。全团同志不分昼夜地开始脱坯、烧砖、种树……这些活儿，对于这些从大城市来的艺术工作者们来说，既陌生又艰苦，但四团的同志，受党教育多年，作风顽强，思想过硬，无人叫苦，无人喊累，大家无怨无悔地拼命贡献自己的力量。当时，作为全团第一大主演的李鸣盛，刚刚步入32周岁，年轻力壮，他与王吟秋、李丽芳、班世超等人都满腔热情、毫不例外地奋战在劳动工地上。

50年代末，"大跃进"高潮刚刚过去，三年自然灾害又接踵而来。全团上下在忍受饥饿的情况下，还要开荒、挖渠、积肥、种菜……面对极为艰苦的生活环境，李鸣盛仍然没有半点退缩，他和全团同志一道，边努力演戏，边积极参加农业劳动。当时，全国戏曲界有不少演员为了挣大钱，纷纷脱离原

20世纪60年代《群英会》中李鸣盛饰鲁肃

来剧团去别的地方高价受聘。李鸣盛是全国著名演员，也有人来信以月薪1700元的高价邀他去别的剧团挑大梁。在金钱面前，李鸣盛丝毫不为之所动。他热爱自己注入了心血的宁夏京剧团，热爱用汗水浇灌过的宁夏这个第二故乡，对倾注于神圣事业中的崇高理想信念恪守不渝。

在四团到宁夏开创局面的几年里，李鸣盛为宁夏观众演出了大量的拿手好戏，如《失·空·斩》《群英会·借东风》《伍子胥》《四进士》《龙

《北京四十天》中李鸣盛（右一）饰李岩、殷元和（右二）饰刘宗敏、蔡宝华（右三）饰李自成、徐鸣远（右四）饰牛金星、刘元鹏（右五）饰宋献策

《除三害》中李鸣盛（右）饰时吉、郭元汾饰周处

《碰碑》中李鸣盛饰杨继业

20 世纪 50 年代李鸣盛（右）与李丽芳在《四郎探母》中分别饰
杨延辉与铁镜公主

1959 年 10 月宁夏京剧团合影。王吟秋（二排左一）、李鸣盛（左六）、李丽芳（左七）、盖玉亭（右一）、
梁连柱（右二）、王和霖（右四）、王天柱（右五）、田文玉（右六）、刘连伦（前排右三）

戲曲介绍
Xi gu jie shao

请张贴 请宣传

庆祝"八一"建军节

1958年7月28日 第一期 西安五四剧院编

★歡迎中国京剧院四团★

载满荣誉 访问欧亚非十八国

阵容坚强 走遍全祖国各省市

七月三十日在我院公演

中國京劇院四團

中国京剧院四团于七月卅日起至八月廿日在我院短期公演。

也许有些同志还记得，一九五三年，中国人民解放军总政文工团京剧队来西安慰问解放军演出的盛况。那次虽然没有公演，但却给西安的观众留下了非常深刻的印象，特别是戏曲界的同志们，从他们的演出中学到了许多非常宝贵的经验。

中国京剧院四团由总政京剧院和西南军区政治部京剧院合并组成的。阵容在抗日战争和解放战争中，他们经过了海水的洗礼和严酷的考验，经历了艰苦磨炼，勤学苦练，一个剧团充满了青春的活力和无止境的精神，艺术水平以惊人的速度上升着。十多年来，他们的足迹踏遍祖国各省市；走访了欧亚非洲十八个人民国家和资本主义国家，在国际上卓有很高的声誉。《闹龙宫》一剧，曾在第五届世界青年联欢节获得金质奖章。许多演员都分别获得罗马尼亚"晋"勋章、波兰金质"十字勋章"，捷克斯洛伐克"伏契克"奖章及"反祖宣"奖章等。

该团的阵容除聚顺、搭配整齐，主要演员有：老生李鸣盛、花衫李丽芳、青衣王吟秋、花脸郭元汾刀马旦班世超、武旦郭金光、武生王天柱等。他们都有较深的艺术造诣。在国内外负有相当的盛名。

在演出节目上，更是丰富多彩，具有十出优秀的传统剧目，如《闹龙宫》、《三岔口》、《四杰村》《锁麟囊》、《玉堂春》等；有许多新编排的节目，如《啼笑姻缘》、《破釜沉舟》等。此外，特别是58年描动全国京剧界的一"红""一白"，即新编历史剧《红色工品团天宝》和现实剧《白毛女》为跃进后的京剧艺术园地，增添了无上光彩。

苦学苦練 堅持不懈
王天柱

王天柱是共青团员，今年28岁。1948年参军，是班的部队生活，特别是多次的敌斗生活，把他阿治成明朗是非、活泼刚毅的性格，因此增进了他在艺术进修上的深养，使得受了青年武生传授便掌握了表演美壮人物的表演方法。

天柱同志参军时还是个孩子，在有组织有纪律的生活中，将得受了老师王军(共产党员)的指导，不断地接近了党内，党为了使他尽快地成长，便自己纲纪叫天老先生学习起来；他自己对艺术事业的态度也是相当严肃的，努力掌握项坚持不懈。在他演出的剧目中，以武松、《艾虎》的英雄形象最为突出，在青年短打武生中是不可多得的人材。

紅花綠葉、相得益彰
介紹中國京劇院四團的几位主要演員

韻味圓潤 嗓音高昂
李鸣盛

现年三十一岁，宗余派，是老生角色中不可多得的人材。他十二岁学台，十三岁登台。自幼酷爱余叔岩先生唱法，曾以承继承余派为宿愿。当余先生辞世时，鸣盛区很年轻，便不断到剧场中去揣摩琢磨，得其影响顺深。

鸣盛同志事业心很强，生活有规律，唱工上眼味圆润，板眼准确；使用高腔很响亮，不费力，运用低音共鸣，更是振振有声。尤其他的《失空斩》、《四郎探母》、《红鬃烈马》、《五子青》、《扬家将》、《大顺春秋》等戏最受观众欢迎。1956年随中国文化艺术团出中近东演出，颇受阿拉伯及非洲人民爱宣。

鸣盛同志不仅艺术造诣很深，政治上也非常进步，自五二年参加么演后以来，迄今六年，整于工作一向表现认真负责，不避艰苦劳累。正由于他把艺术和政治结合得特别紧密，因此便得到党和群众的信任，目前他是中国京剧院四团领导干部之一。

黃鍾大呂 余音绕梁
郭元汾

富连成元字科学生，出身于梨园世家，是已故名艺人郭春山老先生的长子，专工花脸，天生一付"黄鍾大吕"的嗓子，与前辈金少山同具一功。

元汾同志，八岁进科班学艺，由于他自幼身材魁梧、嗓雷宏亮，象之善于表演，十岁时就开始演正工戏，为一般观众所称道。

1954年参加中国人民解放军歌舞团到捷克斯洛伐克时，曾荣《获伏奖》克奖章。

武功根底深厚的刀馬旦
班世超

杰出的刀马旦生孟超同志，他八岁即入富连成科学艺，得到著名艺人九阵风的传授，演成了满身技艺。他的身段优美，表演之善于表演，且最善现出色的漂亮身段。打出手时花样繁多，手法熟练，在单人装前时，下揭花、大刀花、涮面不乱，涮人不乱，特别是他的"旱水"《孤身》能够把两只手握在地下徒步休谈经解，变换姿式十分敏捷。

艺术无止境 虚心苦鉆研
李丽芳

李丽芳，二十六岁，共青团员，工梅派青衣花衫；十二岁学台，十六岁登台，先后在南京、上海、武汉、南昌、天津等地演出，颇受各地观众欢迎。

她的嗓音宽广，歌唱时很婉技巧，她对于表演，每演一戏一演，她却某精剧解越，能将把握角色内心世界，对于她的戏很能抓住。她对艺术态度是相当严肃的，不荣不空义的卖弄花腔，哗众取宠。她对演员的质任务是告诉现众角色的性格，带来教掌和博得剧场效果是在里边受到艺术感染，倚着只顾眼前，不顾剧场效果而去人物细枝，那就金蚀了艺术气氛，继续要你观点，也是无益。

她虽然在艺术上有了一定的造诣，但对自己的要求仍然是严格的。虽每话不肯离开民员，经常向苏春军请时讨教。在她每生 J演节目中每个小动作上，忌著与郭研究后，才在舞台上使用。她的《拱宝山》、《玉堂春》、《四郎探母》、《红鬃烈马》等剧无不经过认真的文艺思想。

她曾荣获过罗马尼亚"晋"勋章和捷克斯洛伐克"反祖宣"奖章及"伏契克"奖章。

程硯秋先生的得意弟子
王吟秋

王吟秋是中国戏剧家协会会员，现年三十二岁，十三岁学登台。二十五岁参军，在西南军区京剧院任演员，一九五五年转业编入中国京剧院四团。

他自幼身很聪晋，很早便在生生名旦影前，并受到天资，始他便荐门下至夫子女间亲倾，授其衣艺。数年在程砚秋先生志心倾授之下，学业颇有成就，与程氏将荐门生之一。他不仅在艺上身得程先生之真传，便是他的生活作风、道德品质，亦受程先生影响颇深。他便踏克衣演，特别是水袖功，翻翩的舞姿能把观众引入一个优美的艺术境界。唱功上，偶派是谓穷行腔用的字，吟秋与乃师一样能抬纳脆的嗓唇，真切的手眼，溢满那炉的调腔嗓音不背宁地道那和润，能够荣画不贯力地雅漂那高，表示观众那无行复的唱，婉那能抬此尽浏它的唱那着是微运弄她这种，做者能表现这种特点。

身怀绝艺 矫捷轻巧
郭金光

郭金光同志，今年三十七岁，九岁参加了北平戏剧学校学艺，军职武者二十余年来，他历尽了金国各大中小城市，几乎走遍了祖国每一个角落。一九五二年，参加总政京剧团，工作积极，思想进步。

他，生就了一个魂捷轻巧的身材，又在他三十余年一日的刻苦锻炼下，造就了一身铁艺，翻起筋斗来干净利落，不独他的大跟斗和小挑子，都能作假双式掌控等多种形式。因此只要是观他便表的观众，都异口同声地"目不暇见"。

他的跟头不仅在国内驰名，国际上也知道他。一九四年参加中国人民解放军歌舞团在各人民主联奖演出时，曾荣获罗马尼亚、捷克斯洛伐克勋章。波兰"金十字"勋章。

20 世纪 60 年代《四进士》中李鸣盛饰宋士杰

凤呈祥》等，还排了不少新戏，如新整理的《陆文龙》（前饰陆登后饰
王佐）、《劈山救母》（饰刘彦昌）、《孙安动本》（饰孙安），新编历史故
事剧《北京四十天》《义和团》及现代戏《白毛女》《智擒惯匪座山雕》
《林海雪原》《红旗谱》《杜鹃山》《六盘山》《爱甩辫子的故事》《重生》
《钢误》等。他在这些戏里，着力刻画塑造了一个又一个不同时代、不
同类型的人物形象，在沿袭流派的基础上，逐步形成了自己独特的风
格，那就是：在表演上真挚朴实，绝不矫揉造作；唱腔上古朴酣畅，力
求沉稳大方。有句艺谚说："好戏能把人唱醉，坏戏能把人唱睡。"有人
曾赞美说："听了李鸣盛的演唱，犹如饮了一杯沁人心脾的美酒。"这句

比喻并非夸张，李鸣盛擅以字带声，以声传情，嗓音甜脆动听，口齿清晰可辨，行腔又是那样韵味醇厚，令人回味无穷。可以说，在 20 世纪 60 年代，李鸣盛的演唱艺术，业已达到了炉火纯青的境界。

在宁夏的二十几年里，李鸣盛作为剧团的副团长，和同志们几乎走遍了这里的山山水水，从贺兰山北麓的石嘴山煤矿，到毛泽东主席曾率领中国工农红军北上抗日经过的六盘山；从黄河两岸的大小乡镇，到具有革命传统的边远老区，几乎都留下了他的足迹。李鸣盛为第二故乡的人民，无私地奉献出自己的艺术青春，他的艺术受到了宁夏各族人民的深深喜爱，党和人民也给予了他很高的荣誉。他曾先后担任第三届全国人民代表大会代表、中国人民政治协商会议第五届全国委员会委员、宁夏回族自治区政协常委、宁夏文学艺术界联合会副主席、中国戏剧家协会理事、中国戏剧家协会宁夏分会副主席等职务。在众多的荣誉和地位面前，李鸣盛没有陶醉，没有停滞，仍在艺苑一如既往地默默耕耘着。

11

好一个草莽英雄

不可否认，现代戏在中国京剧史上占有着相当重要的位置。20世纪50年代末期，全国各地的京剧院团争相上演现代戏，北京更是如此。1958年北京燕鸣京剧团和中国京剧院，相继以"大跃进"的速度，排出了大型剧目《白毛女》。

中国京剧院的演出阵容相当齐整，杜近芳扮演喜儿，叶盛兰扮演赵大春，袁世海扮演黄世仁，骆洪年扮演穆仁智，雪艳琴扮演黄母。个个熠熠生辉，尤其是李少春扮演的杨白劳，给人们留下的印象更为深刻。李鸣盛虽然已是中国京剧院四团的主要演员，但他艺术进取心很强，不愿放过任何一个有益于艺术发展提高的学习机会。李少春在《白毛女》一剧中的表演，深深地激发了他那颗孜孜以求、奋发向上的事业心。

"躲账七天离家外，十里风雪转回来……"李少春把这几句【反西皮散板】唱得凄楚、悲凉，充分展示了杨白劳这个贫苦老实的农民，为躲地主老财黄世仁的阎王债忍痛离家的惨苦心境。在杨白劳被逼无路喝盐卤的一场戏里，李少春把那段【反四平调】唱得声情并茂、如泣如诉、催人泪下。李鸣盛看到这儿不由感动得双眼湿润，李少春的

精湛演唱很令他折服。至于李少春根据剧情需要，借用传统技巧为杨白劳设计的"抢背""僵身"动作，符合剧情，符合人物，李鸣盛也十分赞赏。他敬慕李少春，更渴望自己有机会也能成功地在现代戏中扮演几个角色。时隔不久，他所在的中国京剧院四团排演了《白毛女》，杨白劳就由他来扮演，这是李鸣盛一生中最先接触的现代戏。厚底靴脱掉了，水袖没有了，髯口也摘了，刚开始上台还真有点别扭，可是当他把自己的全部感情都融化到角色之中，充分运用京剧的表演手段去塑造剧中人物时，他的演出获得了广大观众的认可，这意味着在演出现代戏方面，他迈出了可喜的第一步。剧团到达宁夏继《白毛女》之后，又先后以他为主，排演了许多现代剧目，如李鸣盛在《林海雪原》中饰少剑波，在《智擒惯匪座山雕》中饰杨子荣，在《爱甩辫子的姑娘》中饰公安局长，在《八一风暴》中饰方大来等。另外，李鸣盛在1959年还参与创作演出了现代戏《钢误》饰工人永生，《奔向光明》中饰姜海，《蔗芨滩》中饰哈维真，《六盘山》中饰李刚，《红旗谱》中饰贾湘农等。在"文化大革命"前后他又主演了几个现代戏，如《红灯记》中饰李玉和、《奇袭白虎团》中饰政委、《智取威虎山》中饰参谋长、《磐石湾》中饰陆长海。在这众多的现代戏里，他扮演的角色，都受到了观众的赞许。而在内外行中，反应最普遍、最强烈、影响最大的就是他在由宁夏京剧团改编演出的《杜鹃山》剧中扮演的农民英雄——乌豆。

《杜鹃山》原来是出自王树元编写的同名话剧，剧中描写了农民草莽英雄乌豆，不堪忍受地主压迫，带领穷弟兄奋起反抗，三起三落均告失败，最后在女共产党员贺湘的帮助下，提高了思想觉悟，从而带领农民兄弟从失败走向胜利的故事。由于这出戏有着浓厚的传奇色彩，话剧上

在宁夏演出《杜鹃山》，李鸣盛饰乌豆、白棣饰杜妈妈

演后，各个剧种都争相移植。1963年夏天，宁夏京剧团到东北巡回公演来到沈阳，沈阳评剧院特意拿这出戏为宁夏京剧团作招待演出。这出评剧《杜鹃山》演得非常成功。著名评剧演员韩少云扮演的女共产党员贺湘十分感人。扮演乌豆的演员赵荣鸣形象威武、粗犷，把这位草莽英雄给演活了。宁夏京剧团的演职员在台下看得入了神。李鸣盛更是被乌豆这个人物所打动。看完演出回到住所，大家七嘴八舌地就议论开了，有

的说:"这个剧本真不错,有戏,太抓人了。"有的说:"如果把这出戏改编成京剧,有文有武,有唱有打,效果肯定还要好!"这一夜李鸣盛按捺不住激动的心情,躺在床上久久难以入睡,刚才舞台上那一幕幕又呈现在眼前,尤其是乌豆的形象。这位草莽英雄是那样憨厚质朴、豪爽勇猛。他疾恶如仇,爱憎分明,为了复仇,为了营救阶级弟兄,可以不顾一切,甚至作出牺牲。而一旦认识到自己的鲁莽、意气用事所带来的严重后果时,又敢于认错,勇于改正。李鸣盛深深喜爱上乌豆这个人物,对《杜鹃山》的剧本兴致有加。经过反复思索,他最后萌生了建议剧团排演《杜鹃山》的念头,并且主动请缨扮演剧中人乌豆。第二天他找到剧团另外几位领导准备谈谈自己的想法,谁知道,还没等他开口,这几位正、副团长就抢先提出了准备投排《杜鹃山》的打算,可见好戏是人人喜爱。决议很快形成,等剧团演出结束返回银川,移植排练《杜鹃山》的工作便紧锣密鼓地开始了。殷元和、孙秋田废寝忘食地进行总体导演构思,赵鸣飞抓紧时间搞武打设计,琴师李门等人赶忙设计全剧的唱腔。角色分配方面,根据宁夏京剧团的实际情况,乌豆由李鸣盛扮演。

李鸣盛终于如愿以偿,他高兴极了,但兴奋之余,并不是没有任何顾虑。不错,从在东北沈阳看戏那天起,他就爱上了乌豆这个角色。自己身材高大、魁伟,形象上比较接近人物,这是个优势。可是按传统戏曲行当区分,乌豆的性格应该和古代的张飞、李逵等人物属于一个类型,由花脸行当表现更合适。而李鸣盛是个老生演员,若以老生行当去扮演花脸角色,意味着在刻画人物上跨度较大,存在着一定的风险和困难。

为了演好这个与自身行当大相径庭的人物,李鸣盛真是煞费了一番苦心。首先,他考虑到既然搞现代戏就不能受传统行当的束缚,行当应

该为塑造人物服务。在设计人物形体动作的时候，他抛弃了京剧老生那迈着八字步、一步三晃的节奏和潇洒、沉稳的身段，采用了架子花脸及武花脸夸张、粗犷、豪放的表演，力图从人物的一举一动上，表现出乌豆的骁勇、剽悍。在台词处理上，他改变了以往老生那慢条斯理、寻腔品味儿的念法，根据乌豆的特点，把台词念得斩钉截铁、铿锵有力。除此之外，他知道观众看京剧，不仅要看表演、身段，还特别要听演员的唱腔。李鸣盛是个以唱工著称的演员，谁都知道他的杨派戏唱得好，造诣很深，其他如余派戏、马派戏、谭派戏也全拿得起

《杜鹃山》中李鸣盛（左）饰乌豆、赵鸣飞饰团丁

来。可是在现代戏《杜鹃山》中乌豆的唱腔里，按着哪个流派去唱也不合适。他思来想去，决定单创一个新的、符合剧中人物的唱法，那就是"生净结合"。李鸣盛小时候就喜欢花脸唱腔，他正式登台之后，经常跟著名花脸演员裘盛戎合作，对裘派唱腔相当着迷，亦谙熟。闲暇时，他在家里会有滋有味儿地学上几句。这次排《杜鹃山》，他在和琴师研究设计唱腔的时候，将不少唱段都糅进了裘派的声腔元素。糅，只是有机地化合，而不是照搬。如果把裘先生在《铡美案》里那段"包龙图打座在开封府"原封不动套在乌豆这个农民汉子身上，肯定让人听着别扭。

若是为突出乌豆的鲁莽、刚强，在唱腔中恰当地运用花脸特有的"刚音""虎音"，那肯定就会增强艺术渲染作用。除了这些，李鸣盛在不少念白里，还适当吸收了不少架子花脸的"炸音"，以着重刻画人物复仇的心理和鲁莽的性格。

李鸣盛"走火入魔"了，全身心地投入到乌豆这个角色的创造之中。练花脸的工架，找花脸的共鸣音，一招一式地学开了武打动作，忙得不亦乐乎。每天吃饭都需家人催上几遍。即便这样，也是匆匆吃完，一推饭碗，又走进了排练场。

《杜鹃山》于1963年10月在银川的舞台上正式公演了，观众反映相当不错。可这出戏真正打响，那是1964年6月，在北京举行的全国京剧现代戏观摩演出大会上。

这次大会实际上是对全国京剧界的一次大检阅。来自四面八方的梨园弟子云集北京，名角荟萃，好戏连台。各省、市、自治区都派出了自己最好的剧团，推出了自己最佳阵容，拿出了自己最优秀的剧目。像云南京剧团关肃霜主演的《黛诺》，上海京剧团童芷苓、李玉茹分别带来的《送肥记》《审椅子》，山东京剧团宋玉庆、方荣翔等演出的《奇袭白虎团》，天津京剧团李荣威、林玉梅主演的《六号门》，以及吉林的《五把钥匙》、武汉的《柯山红日》、江苏的《耕耘初记》、陕西的《延安军民》、哈尔滨的《革命自有后来人》等等。一出比一出精彩，一时间五彩缤纷，百花争妍。

宁夏京剧团是从北京支援到边疆去的艺术团体，原来在中国京剧院四团期间，就名声显赫，这回第一次正式重返故乡向首都人民汇报，何尝不想取得个好成绩，以便好好展示一下自己的实力。根据宁夏回族自治区党委的决定，剧团上报参加大会演出的剧目是《蓐茇滩》。《蓐茇

滩》这出戏表现了宁夏某回民聚集区，反动教主利用宗教残害教民，并预谋叛乱，最后广大教民在中国共产党的领导下，彻底粉碎了敌人的阴谋的故事。李鸣盛在戏中扮演了一个懦弱、老实的教民哈维真。戏是上级指定的主题，剧团接到任务匆匆上马、突击排练，边排边改，边改边排，刚刚彩排完毕，就在演员们自己对这个戏都看不下去的情况下，全团奉命踏上了东去的列车。

李鸣盛在《蓆芨滩》中饰哈维真

大队人马到达北京之后，果不其然，《蓆芨滩》经过有关部门审查，很快被毙掉了，理由是"宣扬中间人物，在艺术上也比较粗糙，不宜演出，必须更换参演剧目"。

这当头一棒把全团人给打蒙了，一时间，从领导到群众都不知所措，但谁也不愿意失掉这次参加全国现代戏观摩演出的机会。

一天，李鸣盛正愁眉不展地在北纬旅馆休息，忽然，副团长徐中年匆匆走了进来。

"鸣盛，告诉你个好消息。"徐中年说。

"什么好消息，看你神秘的样儿。"李鸣盛追问着。

"今天晚上，北京京剧团在中央电视台礼堂彩排《杜鹃山》，去不去？"徐中年高兴地向鸣盛说道。

"去！"李鸣盛情不自禁地用那洪亮的嗓音回答。正因为他演过《杜鹃山》，所以对这个戏颇有兴趣，今天又有这学习的机会，焉能放过？

晚上，李鸣盛和徐中年按时来到了中央电视台礼堂。北京京剧团历来以名流云集、阵容强大而名扬海内外，这次排演《杜鹃山》也是拿出了精锐力量。乌豆一角，由著名花脸演员裘盛戎扮演，本工本行，演来对路。赵燕侠扮演贺湘，论她的社会名望和演技，都高人一筹。再有马派老生创始人马连良先生甘于挎刀在戏中扮演个次要人物郑老万，名丑马富禄扮演老地保，优秀青年演员马长礼扮演温七九子，这一切都使这出现代戏增添了色彩，具有较大的号召力。李鸣盛边认真地看着戏，边

马连良（左）、裘盛戎（右）在《杜鹃山》中分别饰演郑老万（左）、乌豆

和徐中年交谈着看戏的感受。北京京剧团这出《杜鹃山》从各方面来说都很不错，如果和宁夏京剧团的《杜鹃山》相比，两团各有所长，两台戏的总体水平差不多，但北京京剧团的《杜鹃山》刚刚排出，宁夏京剧团这出戏早已上演了数场，相比而言，宁夏京剧团明显有独到之处……既然《蓆笈滩》被毙掉，何不把自己团的《杜鹃山》推上去？看完北京京剧团演出的《杜鹃山》，李鸣盛和徐中年便兴冲冲回到旅馆，连口水都没顾上喝，立即找到领导，提出了他们的想法，建议换上本团的《杜鹃山》参加这次京剧观摩演出大会。

这一建议立即得到批准。全团人员听说要重排《杜鹃山》，群情振奋，很快就投入到了紧张的工作之中。针对北京京剧团的阵容，团里对原来的角色也进行了适当的调整。乌豆仍然由李鸣盛担任，贺湘原来由老旦演员田文玉扮演，这次换成团里另一位唱旦角的主演李丽芳来担任。田文玉取代李鸣盛的爱人白棣，扮演杜妈妈。导演殷元和扮演叛徒温七九子，丑角演员徐鸣远饰老地保，青年武生舒茂林饰李石匠，老生演员刘顺奎饰郑老万，另外李荣安等著名演员也各有角色。经过短短几天的昼夜苦干，宁夏京剧团的《杜鹃山》便正式作为参赛剧目展现在首都舞台上。这次会演，同一题材的剧目除哈尔滨京剧院和中国京剧院的《革命自有后来人》《红灯记》以外，就是宁夏和北京的两出《杜鹃山》。两个剧团同一个剧目，与其说是互相观摩学习，不如说是一场艺术上的比武打擂。

《杜鹃山》虽是宁夏京剧团临时换演推出的剧目，演出之后却收到了意想不到的效果。李鸣盛扮演的乌豆，身高体壮，满脸络腮胡须，一举一动，气宇非凡，唱念做打无不表现出一位草莽英雄的气概。他在舞台上的表演，使内外行都很难想象，出现在他们眼前的这

《杜鹃山》中李鸣盛饰乌豆（左）、殷元和饰温七九子

位刻画得淋漓尽致的农民英雄形象，居然是由一位以唱工老生著称的演员扮演的。

同时，饰演贺湘的李丽芳的表演也很成功，常年的部队生活锻炼，为她成功地塑造一个革命者的艺术形象提供了非常有利的条件。她的表演朴实、细腻、真挚，使《杜鹃山》更添魅力，得到了大家的一致赞赏和高度评价。

《杜鹃山》在首都剧坛引起了强烈反响，1964年第7期的《戏剧报》

在北京演出《杜鹃山》，李鸣盛（前左）饰乌豆、李丽芳（前右）饰贺湘

对宁夏京剧团的演出，发表了专题评论文章。文章说："宁夏京剧团的《杜鹃山》在忠实于原作基础上，根据京剧的艺术规律，对原作情节作了适当调整，创造出不同于话剧的京剧艺术形象。""特别是由于演员在表演里充满了激情，对人物精神面貌的刻画笔酣墨饱、淋漓尽致。因此，整个的演出，给人以雄浑、豪放、粗犷和朴实的壮美的艺术感受。""饰演乌豆的李鸣盛同志，向以婉约、优美的唱工见长。他在刻画这一革命农民首领的性格时，从人物出发，大胆突破行当的局限，

运用了花脸、武生、红净的表演，以期创造出革命的英雄形象。"

同年7月9日，北京京剧团的同行，在观摩宁夏京剧团的《杜鹃山》以后，举行了座谈会，畅谈看戏的感想。马连良、张君秋、裘盛戎等艺术家都兴奋地谈到李鸣盛扮演的乌豆。大家一致认为，李鸣盛是唱老生的，能把乌豆这样一位粗犷的农民英雄演得这么好，表演得活灵活现，是难能可贵的。裘盛戎说："鸣盛把老生和花脸的特点融合得这么好，他的乌豆演得比我好得多。"

在这次会演的会刊上，韩江水发表了题为"光辉的英雄形象"的剧评，文中说："李鸣盛是余派老生，以擅唱闻名。为了演好乌豆，他大胆突破了行当，在不少地方，吸取了架子花脸的身段，糅合了铜锤和红生的唱腔。在唱、念、做、打诸方面，都能紧紧服务于刻画人物在特定环境下的性格与思想感情。如第一场，唱'不怕高山千万丈，不怕河水万里长，只要找到共产党，赴汤蹈火又何妨'时，演员以刚劲有力的行腔，平起翻高，腔尾戛然而止，铿锵有力。配合着粗犷、开阔的手势和身段，表现了人物坚毅、顽强的意志和追求党的坚定不移的决心。"

李鸣盛塑造的乌豆获得了内外行的高度评价。周恩来总理、彭真副委员长等中央负责同志观看了演出，并对李鸣盛的表演倍加赞赏。在会演结束的闭幕式上，李鸣盛荣幸地和张学津代表与会的全体京剧工作者作了发言。

《杜鹃山》一剧在北京打响后，经过进一步修改，几个月后宁夏京剧团便接到文化部指示，准备将此剧搬上银幕。1965年初，长春电影制片厂派以导演方荧为首的摄制组来到银川，剧组昼夜不停加紧排练。准备工作就绪后，大队人马开赴长春，而在北京短暂停留期间，突然接到文化部通知，由于在上海负责抓京剧现代戏排练的江青，要求宁夏京

周恩来（立者一排左七）等观看宁夏京剧团演出《杜鹃山》后与李鸣盛（立者一排左六）等演员合影

剧团的李丽芳去上海京剧院《海港的早晨》（后改名《海港》）剧组担任主要角色，《杜鹃山》一剧的拍摄工作暂缓进行。摄制宁夏京剧团演出的《杜鹃山》就这样因为一个指示夭折了，但是剧中的精彩演出和李鸣盛的精湛演技，至今在京剧界产生着很大的影响。

宁夏京剧团返回宁夏以后，于1965年7月又参加了在兰州举行的西北五省文艺会演。由于李丽芳已经借到上海排演《海港》，所以《杜鹃山》中贺湘这一角色，仍由老旦演员田文玉扮演。

宁夏京剧团这次演出的反响比在北京的时候更为强烈，以至在宁夏京剧团观看其他兄弟团体演出的入场时刻，全场观众拍着手，齐声有节奏地向宁夏团代表高呼："乌豆！乌豆！"可见宁夏京剧团演出的《杜鹃山》以及李鸣盛所塑造的乌豆形象，在观众中留下的印象是多么深刻。

12
在风雨飘摇中

　　李鸣盛是个老实人，要说他在生活道路和艺术道路上，也算是一帆风顺。可是，在那令人难以忘记的史无前例的十年动乱中，他却险些走上绝路告别人世。

　　1966年夏末，"文化大革命"运动在全国轰轰烈烈地展开，宁夏各行各业也闻风而动。李鸣盛被"造反派"们以"走资本主义道路当权派"和"资产阶级反动学术权威"的双重罪名揪了出来。家被抄了，人也被抓到团里隔离审查。李鸣盛更加出"名"了，一连几天，头上戴着纸糊的高帽子，胸前挂着"反动"身份的大牌子，与其他"走资派"一起被"造反派"押着游街示众。每次游斗回来，他都大汗淋漓，真比唱一出全部《伍子胥》还累。"造反派"搞的批斗常常使用车轮战术，白天拉你游街示众，晚上勒令你继续接受革命群众的声讨和批判。当时极左思潮泛滥到了登峰造极的地步，传统戏通通都被列入"封资修"的范畴。造反派认为，李鸣盛几十年来"利用无产阶级文艺阵地，大肆宣扬封建主义、资本主义和修正主义的腐朽思想，美化帝王将相、才子佳人，毒害广大人民群众"，演封建帝王将相就是他的罪过。看着一张张"火烧"自己的大字报，听着一声声"批斗"自己的怒吼，李鸣盛无言

以对，令他迷惑不解的是：自己在台上是演过不少帝王将相、才子佳人的戏，可是也演过不少歌颂党、歌颂劳动人民的现代戏，如《红旗谱》《白毛女》《林海雪原》《红灯记》，也算是有点功吧。可"造反派"不问青红皂白，说有罪就有罪，不理解也得理解，面对"歇斯底里"的"造反派"，有口也不能辩……

一天晚上，"造反派"在京剧团排练厅召开批斗"走资派"和"封资修"的大会，会场地面上摆满了从被批斗者家中抄来的"罪证"，如高跟鞋、连衣裙，还有他们演帝王将相、才子佳人的剧照以及一些生活照片、演艺证书、职务证件……为了加强批斗的力度，"造反派"中的个别人还动用了社会力量，从外边找来一批20岁上下的红卫兵。这些不知深浅的青年人，丝毫不了解京剧团情况，到了会场就横眉冷对被批

剧团领导班子在学习。王宪周（左三）、李鸣盛（左四）、李永华（右一）

20 世纪 70 年代李鸣盛、白棣夫妇与子女们在一起

斗者，对他们进行了一番严厉审问，被审问的重点对象就是演艺名声最
大的李鸣盛。

"你叫李鸣盛吗？"一个红卫兵小头目气势汹汹地问道。

眼前这个阵势，咄咄逼人，不允许李鸣盛还保持什么尊严，他连忙
点头应声回答："啊，是，是。"

李鸣盛战战兢兢刚说完，冷不丁被面前这个红卫兵小头目给了一

拳。李鸣盛人从小就老实、懂事、用功，活了40年，从没挨过打。父母疼爱他，把他视若掌上明珠；学戏练功，没招老师动过一手指，不想今日竟当众受此大辱，他实在按捺不住心中的愤懑了，刚要分辩，那个红卫兵又逼视过来："告诉你，我们今天打的就是你这个反动学术权威！"面对这种情况，李鸣盛深感无奈，只能忍气吞声。

"你先交代你是怎么骗取人民代表这个荣誉的！"还是这个小头目，手里拿着从李鸣盛家中抄来的国家颁发给他任第三届全国人大代表的证件厉声质问。李鸣盛被问蒙了，这是党和人给的荣誉和权利……但在这个颠倒黑白、混淆是

李鸣盛、白棣夫妇在"文革"期间

非的时候，原本就不善言辞的李鸣盛更显得舌笨嘴拙，不知该怎么回答这些"莫须有"的问题。正在他为难犹豫的时候，这帮红卫兵见这个"反动学术权威"迟迟不老实交代，顿时怒不可遏，立刻把李鸣盛团团围挤在中间，一边七嘴八舌冲他声嘶力竭地喊叫，一边你推我搡地对他拳打脚踢，霎时间李鸣盛只觉得头重脚轻，山摇地晃，他拼命地忍着挺着，终于熬过了这难挨的时刻。被打得头晕目眩的李鸣盛回到隔离室后，才感到浑身一阵阵疼痛……

1967 年元月，社会上又刮起了"一月风暴"，引发全国群众性的夺权斗争。社会上分成了造反、保守两大派，接着就是"文攻武卫"的一场殊死搏斗。李鸣盛暂时被冷落了一阵子，怎奈好景不长，转过年，在一声"横扫一切牛鬼蛇神"的号令下，他又被打入"叛、特、反、资"的行列里，再次遭到揪斗，受到了"群众专政"。

　　那时候，对李鸣盛来说，大会批小会斗、受辱挨骂，已经成了家常便饭，接受审讯没完没了地交代问题也渐渐习以为常；登台演出的权利被彻底剥夺了，每逢团里演出，他只能推着手拉车去运戏箱、装台、打追光、扫舞台、拉大幕、搬布景。农场养猪等劳动，他也成了主力；工资被扣发，每月只发给 14 元的生活费，他也能将就。终日里精神和肉体的折磨，使他学会了抽烟，借以消愁解闷。好烟买不起，就把一角二分一包的百花烟放在烟锅里抽。检查写了一遍又一遍，可总是因为"不深刻"而被勒令重写。对于这场史无前例的"文化大革命"，他百思不得其解，更弄不清自己究竟犯了什么罪？他只知道自己参加革命工作二十来年，对党始终忠心耿耿，工作上勤勤恳恳，拥护中国共产党，拥护伟大领袖毛主席，可为什么现在却……压抑、不解、忧郁终于导致他精神崩溃，精神出现了障碍，写检查的手开始哆嗦起来，"造反派"头头发觉后不但不找大夫为他医治，反倒污蔑他不老实、"装蒜"。有家不让回，有冤无处诉，李鸣盛感到面前已无路可走。一天晚上，他悄悄地走出"群专室"，想以死来摆脱难以忍受的肉体折磨和精神折磨。正当他东张西望寻找能够上吊自杀的地方时，被工宣队发现，第二天为此又遭到了一场批斗。

　　随着时间的推移，"文革"运动也开始慢慢降温。由于李鸣盛"认罪态度"较好，从而受到一些"优待"。团里演出演员不够时，他被允

100 »

玉音响四方　李鸣盛

许粉墨登场，但最大角色只不过在戏中演个不说话的群众。有一次团里演出《智取威虎山》，他奉命演个老百姓。在"发动群众"一场戏里，有个众百姓看望解放军的情节，众百姓见到了解放军的首长，都要亲切地握手，由于李鸣盛身材高大，观众又熟悉他的面孔，所以，刚上台一会儿，台下便议论纷纷，有人叫嚷起来："瞧，那个老百姓是李鸣盛！""为啥总不让他演戏？""李鸣盛有什么错误？"

鉴于李鸣盛的形象突出，站在前边既显眼又容易夺主要角色的戏。他被换到了后面，单独站在一个树墩上，原本显眼的他又高出一截，嗬，这样一来更加惹人注目。虽然他站在台上没有一句台词，但也照样分散观众的注意力，影响演出，最后又被勒令退下舞台，专门到剧场顶棚上打追光去了。

李鸣盛手臂颤抖的病愈来愈重，那些"造反派"头头们看到这种情况，不得不"开恩"让他回家去反省检查。回到家，李鸣盛的脑子里想的仍然是如何写好检查，如何争取早日得到"解放"。他整天面目呆滞，冥思苦想。冰雪天，他穿着裤衩背心，站在门口思考着问题，竟然也不觉得寒冷。看到这个情景，妻子白棣心疼地催他到六二六医院检查，结果医生怀疑李鸣盛得了精神分裂症。幸好遇到一个好心的马大夫，不忍心看到这样一位受人尊敬的艺术家遭到如此摧残，于是便热心地为李鸣盛针灸，甚至住到李鸣盛家中随时给他扎针治疗，并和他聊天，宽慰他，帮他解除思想负担。马大夫的悉心调治，妻子的精心照料，李鸣盛的这场病终于被治愈，身体逐渐得到恢复。不久，局面趋向舒缓，李鸣盛仅凭一张纸上几百字的检查，便获得了自由。

李鸣盛被"解放"之后，他没有去计较那些曾对他妄加迫害的人，也没有顾及处理被扣工资的补发，他一心所想的就是及早重返舞台去演

20 世纪 70 年代李鸣盛在《红灯记》中饰李玉和

20 世纪 70 年代李鸣盛在《磐石湾》中饰陆长海

戏，专心致志地去搞自己钟爱的京剧艺术。

李鸣盛凭着自己多年的艺术实践总结出：从事舞台艺术，不仅要有一个好身体，作为文戏演员更要有一条好嗓子。他是有一条圆润清脆、响遏行云的好嗓子，但他知道，为了练出这条好嗓子，年轻时，不论酷暑严冬，他总是起五更睡半夜地苦喊苦练，不知付出了多少心血。也正是由于有这样一条极为动人、颇有魅力的好嗓子，他才得心应手地在舞台上成功地塑造了诸葛亮、萧恩、秦琼、乌豆、李玉和等众多的舞台艺术形象。他也知道广大观众喜爱他也是源于他那动听的

1979 年李鸣盛演出《逼上梁山》饰林冲

歌喉。在失去自由的日子里，他被剥夺了喊嗓、吊嗓及登台演唱的权利，并且深知这嗓子如果长期不练，必定不进则退。所以，在被审查期间，他就千方百计想办法练嗓子，譬如在喊人或交代问题时，他有意把声音提高。尤其在政治学习的时候，他总是抢着去读报纸、念毛主席语录。在读报纸时，他按着舞台上演出的腔调，使出丹田气，把每一个字都念得铿锵有力，从而使嗓音得到锻炼。获得自由以后，他为了抻练气力便开始每天去公园跑步。为了恢复嗓音，他每天都到湖边练声，一喊就是一两个小时……

不久，李鸣盛就参加了钢琴伴唱《红灯记》的演出。接着又主演了

20世纪70年代末李鸣盛在《八一风暴》中饰方大来（右）、梁嘉禾饰杜震山

《智取威虎山》《红灯记》《磐石湾》……

广大观众终于看到了李鸣盛重返舞台，他的演出比以前更受欢迎。每逢演出，他那精彩的表演和唱腔，经常被观众雷鸣般的掌声所淹没。

1976年"四人帮"被粉碎，艺术界迎来了春天。这时李鸣盛虽年已半百，但是被大好形势激励着以更高昂的热情去接受一个个新的演出任务。刚在现代戏《蝶恋花》中演完淳朴、正义的农民缪老爹，又在《八一风暴》中扮演了党代表方大来……当传统戏开始恢复时，他主

演的新编古装故事剧《逼上梁山》轰动了塞上古城。这个戏的主要角色林冲，在唱、念、做、打各方面都很吃重，演出十分劳累，但他没有皱过一次眉，总是精神饱满地投入排练、演出，细腻入微地用心去刻画人物。《逼上梁山》连演了八场，场场高潮迭起，由于人物形象更具光彩，所以备受观众欢迎。

由于"文革"期间身心长期遭受迫害，恢复工作后舞台上的连续演出，使李鸣盛那条曾被人称为金钟玉磬的钢喉铁嗓，开始出现瑕疵，此时本可以暂时告别舞台去很好地医治，但观众离不开他，工作离不开他，他就坚持下来，仍然全力以赴地投入排练。随即又先后为宁夏广大观众演出了自己的拿手好戏《除三害》《文昭关》《四进士》《龙凤呈祥》《打渔杀家》等。他就这样毫无保留地拼搏着，力争把失去的时间夺回来，他发奋要让自己的艺术绽放出更加夺目的光彩，他执意要把自己来之不易的艺术财富奉献给人民。

13

重返京都展雄姿

北京城的老百姓爱看京戏，更爱看好角儿们演的戏。尤其是那些嗜戏成癖的戏迷们，他们能把哪些流派有哪些特色，哪些流派有哪些传人，哪些名角儿有什么绝活，哪些名角儿有什么脾气，甚至哪些名角儿家里妻儿老小是干什么的，都能给你聊得头头是道，清清楚楚。如果他们喜爱的哪些好角儿有段时间不登台，不露面儿，他们也会关心地到处打听是病了？还是外出了？或者是出了什么事？总而言之，这些京戏的忠实观众，对他们心中崇拜的偶像，时刻记挂着。

李鸣盛自从 1958 华 9 月随同中国京剧院四团调到了宁夏回族自治区，只是在 1964 年全国现代京剧观摩演出大会主演《杜鹃山》扮演了农民英雄乌豆而登过首都的舞台。紧接着十年浩劫降临在神州大地，究竟这位被广大观众公认为优秀杨派老生传人的他，是生是死，许许多多的观众还真是惦记着，时不时叨念着。1976 年"四人帮"被粉碎之后，大地回春，文艺也开始复苏，传统戏很快得以恢复。热爱杨派艺术、喜爱看李鸣盛演出的观众，早就巴望着能早日听到有关他的消息，早日看到他重登首都舞台。有些观众投书中央人民广播电台，询问李鸣盛的下落和情况，请求播放他的演唱录音。就在北京观众想念李鸣盛的时候，

他已经悄然回到了北京。

1979年下半年，李鸣盛的爱人白棣，不幸身患癌症，他陪着这位与自己患难相依的妻子进京治病。白棣于第二年初病故，李鸣盛也因病留在北京休养。中央人民广播电台文艺部的同志，为了满足观众的要求，找到李鸣盛对他进行了采访，并请他通过电台向观众介绍了自己的情况。虽然观众在收音机旁已闻其声，但遗憾的是不知何日才能再见其人，重睹李鸣盛那精彩的表演艺术。事也凑巧，没过多久，李鸣盛就再次在首都的舞台上粉墨登场了。

1980年春节，李鸣盛去给著名戏剧家张庚拜年，恰逢住在楼下的中国戏剧家协会负责人赵寻也来到这里。这几位劫后余生的老戏剧家、老艺术家见面后倍感亲切，坐在一起分别讲述着自己十几年来的情况。谈话间赵寻关切地询问着李鸣盛的身体情况，并问他近日可曾上台。李鸣盛回答说前几个月还在银川演出。赵寻听后非常高兴，他告诉李鸣盛最近《人民戏剧》（即原《戏剧报》杂志）正准备举办庆祝创刊30周年的纪念演出，打算请李鸣盛参加。李鸣盛听后二话没说，当即应允下来。一来《人民戏剧》是戏剧工作者自己的刊物，作为一名戏曲演员，参加这项庆祝活动责无旁贷，二来自己阔别首都观众又有多年，至今广大观众还在一直关注自己，询问自己的生活和艺术，这次登台演出，也是满足广大观众心愿的一次难得的机会。

几天后，纪念演出筹备组正式通知李鸣盛参加这次纪念演出活动，而且安排好了剧目和演员阵容。演出共计三天，第一天是全部《龙凤呈祥》，由中国京剧院的冯志孝扮演乔玄，杜近芳扮演孙尚香，袁世海扮演张飞，谭元寿扮演刘备，李鸣盛扮演鲁肃。第二天为折子戏，开场由中国京剧院的中年武生李景德和武旦刘琪主演《武松打店》，压轴是

20 世纪 70 年代李鸣盛在练功　　　　　　　20 世纪 80 年代李鸣盛主演《龙凤呈祥》

李鸣盛和优秀程派传人赵荣琛主演的《汾河湾》，大轴是高盛麟主演的《古城会》。第三天剧目仍是全部《龙凤呈祥》，只是由李鸣盛扮演主要人物乔玄，冯志孝改演鲁肃，其他为第一天的全班人马。这三天的戏码儿安排得相当硬，就演员而言，这也是继 20 世纪 50 年代京剧大师梅兰芳、马连良等群英荟萃后的一次最佳阵容。

这三场戏的广告一经登报，位于北京护国寺大街的人民剧场售票室尚未开门，外边却早已排起了长长的购票大队。戏票很快被抢购一空。头天李鸣盛担任鲁肃这一角色的分量并不太重，只有"闯帐"一场戏。周瑜和孙权为了夺回荆州，定下美人计，诓哄刘备过江成亲，妄图以此

将刘备囚死东吴。不想由于热心正义的乔国老从中周旋，周瑜、孙权的计策弄假成真。当刘备携带公主返回荆州时，周瑜又欲率兵追赶。这时候东吴的大夫鲁肃闻听，不顾一切闯入帐中，规劝周瑜从大局出发，以孙、刘两家同心破曹的利益为重，不要一错再错……鲁肃在这场戏里，只有六句【西皮散板】，其余全是以念白为主。

李鸣盛在这短短的一场戏里，把鲁肃那深明大义、憨直忠厚的性格刻画得惟妙惟肖。几句很平平淡淡的【散板】被他唱得情真意挚、耐人寻味，一个拖腔就是一个满堂喝彩，后边的念白更是感情十足。李鸣盛的念白向来是口齿清晰，字字句句如珠落玉盘、铿锵悦耳，显示出他非凡的功力。他在戏中讥讽周瑜的狂笑——狂而不妄，狂得睿智、犀利、大度、震撼。听此笑，聪明、狭隘好胜的周郎岂能魂不出窍？！就这样一个不间断的大笑，他笑得那么酣畅淋漓，笑得那么悦耳动听，把鲁肃的谋略过人表现得恰到好处，为同行所不及，为观众所钦佩。仅这一笑，竟能令戏迷们如醉似痴，风靡雀跃。

第三天《龙凤呈祥》改由李鸣盛担任乔玄一角。甭管是京剧的老观众或是票友们谁都知道《龙凤呈祥》里的乔玄是已故著名表演艺术家马连良先生的毕生杰作之一。这出戏里乔玄的唱念都体现着马派艺术的独特风格。自马先生把这出戏唱红以后，乔玄这个角色就成了马派演员的专利品。词是马派的词儿，腔儿是马派的腔儿，可李鸣盛并没照猫画虎地去模仿马派的味儿。念白，他没有专意咬言咂字；唱腔，他没有单纯追求马派的俏丽、潇洒。他以塑造人物为前提，唱念结合自己的风格，着重表现乔玄的豁达、直率、诚挚和幽默的性格。因此观众对李鸣盛这出戏既突破单一的流派，又融众家之长于一身的表演，表现出浓厚的兴趣和强烈的喜爱，这也充分展示了李鸣盛的博学多才和戏路宽广。

由于第一天、第三天的《龙凤呈祥》是观众常见又相当熟悉的剧目，所以第二天的折子戏专场尤为引人注目。而其中的《汾河湾》在首都舞台上已多年不见，且由杨派、程派的优秀继承人联袂合作，观看这样强强联合的演出，可以说机会难得，因此，无论是广大观众还是京剧界的内行们，都想一睹为快。这天，台下座无虚席；台上也打破了观众不准进入后台的剧场常规，观众把舞台两侧堵了个水泄不通；在乐队的位置上，著名鼓师白登云先生的身后，挤满了前来观摩演出的内行师友；再看舞台台口和两边的地面，不知什么时候也早已摆满了大大小小的录音机……

《汾河湾》表现了唐朝薛仁贵投军后与妻子柳迎春一别十余载，待功成封爵回家探望时，其妻已为仁贵生下一子丁山，并已长大成人。父子相见于汾河湾却不相识。在寒窑与迎春重逢时，才知别后情景。这是一出情节简单但颇有家庭情趣的生、旦对儿戏。四大名旦之一的程砚秋和四大须生之一的杨宝森，在这个戏中都有独到的唱腔和表演。

李鸣盛 50 年代初和 60 年代，曾先后与表演艺术家尚小云及李丽芳合作过这出戏。与程派传人赵荣琛合演还是首次。虽然这出戏他已多年不动，但昔日对这个戏的学习、钻研、揣摩，却是下过一番功夫，并且对人物有着较为深刻的理解。因此演出中，这两位艺术家配合默契，各自展示高超的技艺，使得观众大饱眼福，再加上由著名程派琴师钟世章和杨派琴师王鹤文二位的精彩伴奏，这出戏更显得珠联璧合、熠熠生辉。演出结束后，戏剧家冯牧、张庚等有关领导上台祝贺，张庚对李鸣盛和赵荣琛说："这出戏不好演，一般容易流于庸俗，而你们二位却细腻、生动地把薛仁贵夫妇之间的生活情趣全表现出来了。"

三天演出结束之后不久竟有美国洛杉矶的华侨给李鸣盛寄来了这场演出的彩色照片，并告诉他：这次演出不仅在北京引起了轰动，通过录

20 世纪 80 年代李鸣盛（右一）主演《大登殿》饰薛平贵

音、照片，在海外也产生了很大影响。不错，这三场演出是李鸣盛阔别首都舞台 16 年后的第一次亮相，前来观看他演出的观众，有的来自万里之遥的异国他乡，有的来自远离首都的边远省市。不仅众多的梨园界内行师友和戏迷票友纷纷慕名而至，甚至连行动不便的人也闻讯赶来看戏。那是第二场演出散场之后，位于人民剧场不远的平安里无轨电车站，一辆电车载满了乘客刚要启动，忽见一位架拐的老大爷叫喊着等他一下再开车。售票员见状，忙催他快些上车。待他一颠一簸慢腾腾地上车以后，售票员有些嗔怪地对他说行动这么不方便，这么晚就不要出来了。老大爷却毫不介意兴奋地说："平时我不出门，今儿个例外，我是专门来看李鸣盛的戏，多年看不到他演出了，机会难得，今儿终于看到

《四郎探母》中李鸣盛（中）饰杨延辉、钮骠（左）与郑岩（右）饰国舅

了，太过瘾啦……"他余兴未尽，继续滔滔不绝地向售票员和乘客讲述着剧场演出的盛况。

仅仅三场戏并不能满足观众要求。1982 年李鸣盛又应北京实验京剧团的合作邀请，在长安大戏院演出了一场《大登殿》，又是一个爆满。观众们余兴难尽，李鸣盛和北京实验京剧团不得不又在广和剧场续演一场《法门寺》和一场《将相和》。自此，北京的老戏迷们总算又能比较经常地欣赏到李鸣盛的精彩表演了。

李鸣盛定居北京以后的这些年，演出机会日益增多，他又把自己的

拿手剧目逐一奉献给首都观众。如与表演艺术家童芷苓、吴素秋先后合作演出《坐楼杀惜》《游龙戏凤》，与著名侯派花脸演员袁国林合演《捉放曹》，与李慧芳、李宗义、吴素秋及中国戏曲学院师生，为中国戏曲学院成立40周年进行示范演出全部《四郎探母》。在首都1990年底举办的纪念徽班进京200周年的演出活动中，李鸣盛又在梨园剧场与宁夏京剧团的同志们，演出了他的代表作《碰碑》。当时，梨园剧场在北京所有剧院的演出中票价最高，每张甲票高达20元，最低的丙票每张也要5元。尽管如此，观众仍是慕名纷纷而至。演出间，掌声此起彼落，气氛相当炽热，就连听不懂文戏的老外们，也被这精彩的表演和火暴的场面所折服。演出完毕，他们也纷纷跑到后台，簇拥着李鸣盛请求合影，钦佩地伸出大拇指向李鸣盛祝贺、致意。

　　如果说李鸣盛是一粒京剧的种子，那么，是北京这片良田沃土给了他足够的养分使他生根发芽，茁壮成长。早年，李鸣盛始于北京的艺术初露锋芒，留下了精彩的一幕幕，让北京观众喜爱上他，记住了他。晚年，李鸣盛又回归北京再展才华，奉献了精彩的一出出，使北京的观众更加敬慕他，留恋他……

14

菊圃育英才

京剧这门艺术，在学习过程中，历来采取的是口传心授。学生每学一出戏，都要照着老师的唱腔去模仿，照着老师的身段去行走，学演传统戏更是如此。所以，自京剧诞生之日起，京剧界就存在着师徒关系，生、旦、净、丑各行都有，文武场面、化妆服装，亦是这样。就是想学学那往往不被人重视的"检场"工作，也需要专门投师求艺。

梨园行拜师历来也很讲究。轻者，在亲朋师友间请上几桌客，走个形式，表个敬意，小打小闹一场；重者，须在名饭庄大酒楼，邀各界名流、媒体官方，大操大办一番。师父要的就是这个排场，这个脸面；徒弟要的是这个声势，这个煊赫。大摆筵宴之后，大报小报一发消息，某某拜哪位名家为师，有哪些名人参加……以后在戏班里演戏，就会有个照应，别人也会对他另眼相看。因此，戏曲界这个拜师的风气，一直延续到今天。当然，也有不少人收徒拜师极为简单，师徒到照相馆合个影，就算完成了这个仪式。

说起拜师收徒，尤其是拜名师，学生应该是为了深造，想在名师指点下使自己的技艺百尺竿头更进一步；师长应该是为了传承技艺，想把自己多年积累的艺术造诣留给年轻一代发扬光大。但是，有些拜师收

徒却变了味儿，在某些师父和徒弟的肚子里，拜师收徒是各打各的算盘。有的学生，并非真想求艺，图的是借助名师抬高自己拉大旗作虎皮的那份虚荣，这样到哪儿一提这是某某的学生，顿时身价倍增；有的老师，也并非真有时间和精力给学生传艺，图的是替自己打广告创牌子扬名儿那份"繁荣"。既然有人愿意借自己的声望拜自己为师，又何乐而不为呢？所以，不要看有些个名家大师桃李满天下，弟子一大群，究其真情，其中不乏有其名无其实的挂名儿徒弟，甚至有人在行过拜师礼之后，竟连一出戏都没正儿八经学过……

　　但是，京剧界也有不少名家在收徒方面，收得严格慎重，教得尽心认真。收学生，那学生就必须具备较好的专业条件。收下后，自己也必将倾囊相授，绝不误人子弟。在这方面，京剧程派艺术创始人程砚秋先生便是这样。他一生收徒不多，真正的入室弟子不过是陈丽芳、赵荣琛、王吟秋、李丹林等几人，而这几个弟子，确实得到程师真传，以后在继承程派艺术方面，都有卓著的成就。而已经成为一代老生名家的李鸣盛在课徒传艺方面也是如此。李鸣盛早在20世纪40年代就已成名，所以60年代初他不到40岁，便有人慕名从外地来信或亲自登门造访，请求拜他为师。但那个时候，一来李鸣盛演出繁忙没有时间，二来他也考虑自己还比较年轻，不宜过早收徒，这些崇拜者也只好打消了念头。

　　自从李鸣盛1980年回到北京居住，并经常应邀到各地进行教学或演出，一些青年演员闻讯又相继以各种方式向他提出拜师求艺的要求。李鸣盛鉴于自己的年龄，又看到十年动乱造成的京剧人才青黄不接的局面，感到不少青年演员对优秀传统剧目缺乏学习，为此，他才决定大开山门正式收徒。他收的第一个弟子是北京京剧院的青年演员沈长春。沈长春出身于梨园世家，其父沈玉才是中国京剧院的著名京胡演奏家，观

李鸣盛（左）与刘景毅（右）、沈长春合影

众熟悉的现代京剧《红灯记》就是由他操琴伴奏。1980年沈长春经北京京剧院副院长刘景毅介绍拜李鸣盛为师后，相继向老师学习了全部《伍子胥》《三家店》等戏，并在新编古装剧《溜须老店》中扮演了主要角色寇准。本来这个角色是北京京剧院邀请李鸣盛扮演的，但他为了提携后进，把这个角色推荐给了刚收的学生沈长春，并在幕后帮助弟子设计唱腔。该剧演出后，取得了良好的艺术效果。李鸣盛的第二个弟子是湖北省京剧团的青年老生演员罗会明。1980年湖北省京剧团进京演出，剧团领导为了更好地培养这批青年演员，提出到京后让学生们各选一个理想的老师进行深造。罗会明倾慕李鸣盛的艺术已久，故提出要拜李先生为师。就这样，李鸣盛继沈长春之后，慨然收下了这个学生。收徒这天相当隆重，李鸣盛与诸多名家如袁世海、张君秋、高盛麟、王金璐、马长礼、傅德威等，都于此日喜收高徒。收徒后，李鸣盛便把《除三害》《文昭关》等戏毫无保留地一一传授给罗会明。1984年10月，李鸣盛在塞上古城银川，收了北京军区政治部战友京剧团青年演员李崇林为徒，同时将在

李鸣盛（左一）给儿子李鉴（右一）、李鸣说戏

1986年拍摄《斩马谡》，李鸣盛（中）饰诸葛亮、李鉴（左一）饰赵云、李鸣饰王平

李鸣盛与弟子张国泰

宁夏京剧团任演员的次子李鉴、三子李鸣及青年演员张军也列入弟子门墙。李鉴、李鸣长期受到父亲直接教诲自不必说，李崇林在回京后向老师学习了《失·空·斩》《卖马》和《文昭关》等杨派佳作。

第二年夏天，李鸣盛应著名京剧演员云燕铭和她所在的哈尔滨市京剧团的邀请，到冰城演出，除去主演了他的拿手戏《失·空·斩》《群英会·借东风》《碰碑》以外，还与云燕铭、张蓉华等合作演出了《红鬃烈马》《四郎探母》《法门寺》《坐楼杀惜》等戏。这次演出引起了轰动。

为了培养青年演员，李鸣盛首次在冰城收下了哈尔滨市京剧团的优秀青年老生田占云为徒。与此同时，黑龙江省京剧团有个青年演员张国泰，通过观摩演出，对李鸣盛的艺术也非常崇拜，只是没有机会表达自己的投师愿望。转年，李鸣盛应黑龙江省人民广播电台的邀请去录制盒带，这次的乐队及配演任务，恰巧落在了黑龙江省京剧团的身上。张国泰在李鸣盛主演的《捉放曹》《打登州》中分别扮演了吕伯奢和徐茂公。在合作过程中，李鸣盛见这个青年人事业心很强，嗓音条件也不错，于是也很高兴地将他收为弟子。当 1987 年第三次应邀到哈尔滨为省京剧团的强化集训进行教学时，李鸣盛集中精力培养这个北国弟子。对于这次强化教学，作为李鸣盛的贤内助和保健医生的赵真，不惜来往路费、吃住等一切费用自理，给丈夫以最大的支持，也给剧团减轻了经济负担，这使剧团领导和演职员深受感动。一个半月的集训，李鸣盛废寝忘食为张国泰一连说了《打登州》《八大锤》《伍子胥》等几出戏。强化集训结束时，李鸣盛又应邀参加了三场演出，演出中为了提携后进，又主动提出与张国泰同台，如全部《打登州》，张国泰前面演《秦琼发配》，李鸣盛后面演《打登州》；全部《伍子胥》，张国泰前面演《文昭关》，李鸣盛后面演《浣纱记·鱼肠剑》。演出相当成功，李鸣盛谢幕时在观众热情欢迎下，作了简短讲话，他说这次是来向学生交班，今后希望广大观众对他们多批评、帮助，共同携手为振兴京剧贡献力量。这次交班演出在哈尔滨的观众中一时传为佳话。在省京剧团欢送李鸣盛返京之际，剧团领导对李鸣盛夫妇和同来的花脸演员杨博森的无私授课，给予高度的评价。临别，李鸣盛还送给张国泰两句座右铭，那就是"业精于勤而荒于嬉，行成于思而毁于随"。他希望张国泰刻苦努力，在京剧事业上取得优异成绩。不久，李鸣盛便接到喜讯，张国泰在黑龙江省举办的天鹅

李鸣盛（左三）、赵真（左二）夫妇在家中与弟子们在一起

艺术节上荣获三等奖。

在海滨城市大连，李鸣盛以精湛的演出，受到观众热烈欢迎。那是1985年10月，李鸣盛应邀与大连市京剧团合作，在大连市人民剧场演出了《失·空·斩》等拿手剧目。到了大连，李鸣盛和夫人赵真，还是老样子——为了减轻剧团负担：住，因陋就简，就住在剧团党支部办公室里；吃，也是自己动手解决。大连市京剧团里青年演员占多数，他们团风好，上进心强，给李鸣盛留下了深刻的印象，他很喜欢这些可爱的年轻人。大连市京剧团领导非常重视对演员的培养，当向李鸣盛提出请他兼任剧团老师时，李鸣盛二话没说，高兴地接过聘书，并收下

李鸣盛与学生们合影

了于啸童、牟善伦为弟子。尽管排戏紧张，演出繁忙，李鸣盛还是抓紧时间给学生说戏。师生分别后，李鸣盛又经常通过书信往来，向学生进行函授……

李鸣盛在艺术上不保守，无私心，他对入室弟子视如儿女，待如亲生；对没有正式拜自己为师的学生们，也是有求必应，从无门户之见。如北京京剧院的青年演员张学棣，天资并非理想，但非常用功努力，李鸣盛便根据他的请求把《四郎探母》这出戏手把手传授给他。后来表演艺术家赵燕侠上演此戏，剧中杨延辉这一主要人物，就由张学棣扮演，观众反应很不错。

李鸣盛弟子范以程剧照

李鸣盛所教学生中，有的是经组织介绍，有的竟是自己找上门来。已故著名记者王纪刚曾在《新民晚报》上发表一篇《千里寻师记》的文章，就写了这方面的一个故事。1987年秋天，李鸣盛家中突然来了一对青年夫妇，他们是江苏省京剧院的演员，女的父亲是著名武生周云亮，男的叫范以程，唱老生，他曾在中国戏曲学院进修，久慕李鸣盛大名，特来投师。李鸣盛和这对夫妇经过一番攀谈才得知，这个范以程原来就是李鸣盛的开蒙老师范儒林先生之子。李鸣盛不由得想起了范老师当年和蔼可亲地给自己说戏的情景。范儒林早已病故，范以程是老师的孩子，教他更是义不容辞，李鸣盛当即表示：我一定要像你父亲教我那样教你，你什么时候来，我什么时候教……说着，就亲切地和范以程谈起学习情况，并应范以程的要求，向他传授了《乌盆记》……

15

于魁智月夜访名师

　　在李鸣盛所收的弟子或所教的学生中，中国京剧院一团的青年演员于魁智登门求艺，颇有戏剧性，这还要追溯到 1987 年的春天。

　　这年的 4 月 13 日，北京双榆树南里二区高知楼的居委会，向各家各户传达了"提高警惕、搞好治安"的有关通知，并告诉各楼层的住户，为了避免入室盗窃等恶性事件发生，遇到陌生人敲门时不要轻易开门。听了传达，李鸣盛夫妇不由得在思想上绷紧了弦儿，是啊，儿女们不在身边，老两口儿又都年过花甲，还是应该加点小心。不知不觉，挂钟的时针已指到了晚间 9 点多钟。李鸣盛白天又是吊嗓子练功，又是给学生和票界朋友说戏，比较累，打算早一点儿休息。夫人赵真已为他备好了洗澡水。就在这个时候，"咚咚咚"，传来几下敲门声。还没等老两口儿反应过来，紧接着又是三下。李鸣盛夫妇顿时暗吃一惊，心中很纳闷儿，这么晚了，是谁呢？平日这个时候是从没有人来的。

　　"谁？"李鸣盛格外警惕地问道。

　　"我。"听声音像个小伙子。

　　李鸣盛立刻联想到白天居委会关于搞好治安的通知，莫非……他下意识地急忙从厨房门后抄来一根木棒，以防不测。

"你是谁？"李鸣盛心中虽有些惊慌，但还是沉住了气，语气比较严厉地继续向外询问着。

"李先生，我是中国京剧院的，我叫陈云生。您忘了，您住在劲松的时候，我跟琴师李亦平去给您吊过嗓子，是我弹的月琴……"外面这年轻人用亲切、尊重的口吻回答。

听着门外的声音，李鸣盛好像回忆起来有这么个弹月琴的青年人。他松了口气，放下木棒拉开了门，一看，果然是陈云生，而他身后还站着两个年轻人，有些歉意的李鸣盛便赶紧把他们让进了屋。三个年轻人还未落座，陈云生就把两位同伴介绍给李鸣盛夫妇：那个操着上海口音的是拉京胡的琴师叫陈保平，那个身体虽然瘦削，但一戳一站蛮有精神的叫于魁智。于魁智的名字李鸣盛曾经在报纸上见到过，是中国京剧院一团的青年老生演员，听说能翻、能唱，《打金砖》演得不错，李鸣盛仔细打量了一下眼前这两个青年人想：今天他们到这儿来干什么呢？

陈云生不等李鸣盛开口，又赶紧做了一番解释。原来于魁智早先在中国戏曲学院学习老生，很喜欢杨派，曾经向叶蓬老师求艺。那时候于魁智就非常崇拜李鸣盛，总想投师深造，但是又怕自己这样一个无名小辈贸然登门求教，会被拒之门外。最近团领导准备给于魁智排戏，这时候于魁智又想到了李鸣盛，想向李鸣盛学习《乌盆记》。这个心愿被剧团里的陈云生得知，在大家支持鼓励下，于魁智终于壮起胆子，与陈云生、琴师陈保平一同前来拜访求教于李鸣盛。至于为何月夜才到李先生家，这里还有个缘故。陈云生虽然认识李鸣盛，但自李鸣盛搬到双榆树的寓所后，一直没来过，又没详细地址，排完戏到达这里后天色已黑，几经周折，最后通过居住在李鸣盛楼下的著名演员刘秀荣的帮助才找到这里。

李鸣盛听了陈云生的介绍，顿时被于魁智这种强烈的求学欲望和事业心所打动。但此时已经入夜，不便了解于魁智的嗓音条件和演唱功力，便表示让他第二天再来家里唱一唱，听一听，如果条件具备就可以给他说戏。

跟李先生学戏得具备什么条件，仨小青年儿谁也拿不准，只认为李鸣盛是大名鼎鼎的艺术家，要求学生的条件标准肯定低不了。为了能让李先生收下于魁智，并且很快学上戏，了却他梦寐以求的心愿，三人回到京剧院宿舍，还真费了一番心思。最后决定，明天一早赶到李先生家，进门便一口气吊出一出全部《伍子胥》，因这出戏是杨派名剧，西皮、二黄各种板式全有，很见功力，可以看出于魁智的基础。如果只简简单单地唱上两段儿，李先生听后一旦不满意，那么再想商量可能就没有余地了。虽然做了一番准备，但第二天，平时自信心很强的于魁智却有些忐忑不安，担心自己的求学想法被李老师拒绝。于魁智与伙伴到了李鸣盛家中后，二话没说，马上和琴师陈保平就照"计"而行，唱者使出了浑身解数，拉者也格外卖劲，二人非常投入，一出《伍子胥》不容喘息地足足唱了一个多小时。

在全国，谁不知道李鸣盛是优秀的杨派传人，谁不知道《伍子胥》是他的拿手好戏。一个后生之辈竟在这位以唱《伍子胥》而闻名艺坛的老艺术家面前唱这出戏，岂不是班门弄斧、江边打水河边卖吗？唱完之后，于魁智更为紧张，惴惴不安地期待着李鸣盛的"裁决"。

其实就在于魁智吊嗓的时候，李鸣盛便已开始观察这个青年人——嗓音清脆，音色纯正，既有很好的天赋又有较好的基础。李鸣盛很欣赏爱惜这样的人才，何况于魁智又这样求艺心切。眼下京剧艺术在全国各地都不同程度地出现危机，在北京也不例外，不少青年人考虑到自己的

李鸣盛与于魁智（左一）、陈保平在家中

前途发展干脆改了行：形象好的奔了影视圈，嗓子好的奔了歌坛，没条件的人宁可经商卖西瓜……而像于魁智这样对京剧如此虔诚的青年人确实为数不多。于是李鸣盛决定在艺术上对他进行无私的传授。

于魁智见李鸣盛答应了给自己说戏的请求，心里不知怎样感激才好。李鸣盛并不希冀学生任何的感谢，只希望学生努力学，自己尽快把艺术传下去。当于魁智提出先学《乌盆记》一剧时，李鸣盛就把自己演出的实况录音给他复制了一份，让他先听录音，为下一步说戏做好准备。

李鸣盛慨然答应说戏，于魁智和陈保平、陈云生三人甚是兴奋，当晚便买来酒肉在剧院宿舍里好好地庆贺了一番。他们边吃边商议着如何加速学习唱腔，使《乌盆记》这出戏早日推上舞台。从此，他们反复地聆听李鸣盛的唱腔录音，仔细揣摩、练习，常常是凌晨两三点钟才睡觉。于魁智、陈保平一唱一拉密切配合，很快突破了唱腔这一关。紧接着，他们又一连几天来到李老师家中，李鸣盛一招一式地给于魁智教身段、教表演。而且根据于魁智有较好武功基础的特点，在剧中人刘世昌被赵大夫妇谋害一场中，将杨派此时的转桌子涮腿抢背的动作，改成了难度较大的抢背过桌子，落地后又根据剧情需要，把坐地动作改为抢背……

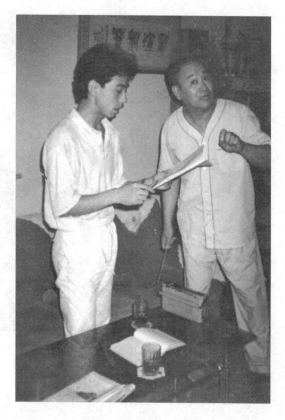

李鸣盛（右）在家中给于魁智说戏

　　一方面是老师毫不保留地悉心传授，一方面是学生刻苦努力地用功学习，《乌盆记》一剧在很短时间内，达到了统排、响排。而李鸣盛仍争分夺秒地抓紧时机为于魁智加工。5月2日晚，于魁智主演由李鸣盛亲授的《乌盆记》一剧，首演于北京人民剧场。这天，人民剧场上座率颇高，观众情绪高涨。这出戏的角色搭配也很整齐，如由名丑萧盛萱的弟子郑岩扮张别古，李广仁扮演包拯，谭韵寿扮演赵大。于魁智在

于魁智获奖归来与恩师李鸣盛合影

台上没有辜负老师和领导的期望，一出戏唱得满堂喝彩声不断，不论是"老丈不必胆怕惊"的【二黄原板】，还是"未曾开言泪满腮"的【反二黄慢板】，乃至公堂一场的【西皮流水】"未曾开言泪汪汪"，都唱得情真意切、字字感人、韵味浓厚，令人赞不绝口。就连刘世昌随张别古欲找包公告状时的下场，观众席里竟然也爆发出热烈的掌声。

于魁智的《乌盆记》唱响了，李鸣盛夫妇在台下抑制不住激动的心情，为这个很有发展前途的学生拍手叫好。回到家里，老两口儿兴奋得几乎一宿没有合眼，李鸣盛从于魁智身上看到了京剧振兴的希望，他决心要把更多的戏，不遗余力地传授给这个好学上进的青年人。

没隔多长时间，由中央电视台等单位联合举办的全国青年京剧演员

电视大奖赛将在北京拉开序幕，当然于魁智不会放过这个展示自己艺术学习的机会。他在领导和老师的协助下，最后决定以杨派名剧《文昭关》参加比赛。

于魁智曾学过也演过《文昭关》这出戏，李鸣盛为使这出戏更具有杨派特色，就不厌其烦地一句唱词、一个唱腔、一个身段为于魁智加工提高。李鸣盛的教戏方法既注重口传心授，不管是唱念还是身段表情，都是一遍又一遍地为学生做出示范，直到符合要求；同时还从理论上启发学生，总是举一反三，让学生理解唱、念、做的来龙去脉。譬如说《文昭关》里伍子胥夜宿花园一场，李鸣盛向于魁智讲述了此刻伍子胥报仇心切，又被困昭关的焦急、忧虑、烦躁的心情。尤其当伍子胥在黑夜沉沉之中，思想起被奸臣害死的爹娘时所唱的"一轮明月照窗前"这段唱腔，李鸣盛以自己的多年研究实践体会，告诉于魁智这段【二黄慢板】要唱得深沉、悲愤，情绪要悲怆，但不可过于忧伤，因伍子胥毕竟出身于武将，要在悲怆中仍显示出他身为大将的刚强本色。在后边两段【二黄快原板】中，情绪层层递进，要唱得激越、悲壮，唱出伍子胥誓报父仇的决心。

在杨派特色上，李鸣盛还向于魁智详细分析了杨宝森演出《文昭关》的前期、中期、后期在唱念方面的不同处理……

李鸣盛对于魁智的无私倾囊相授，使其提高很快。于魁智不负师望，在电视大赛中进入了决赛，而进入决赛的青年演员中，竟有两人选择了同一剧目《文昭关》，而且都是花园夜思这场戏，其中就有于魁智，另一个则是北京京剧院的杜镇杰。大赛即是打擂，这次大赛老生组决赛也是强手云集，譬如上海的言兴朋、关怀，都是梨园世家、名门之后。北京的杜镇杰既是师从著名老生马长礼，又是其乘龙佳婿，更得其悉心

李鸣盛和弟子黄炳强

李鸣盛和弟子刘建杰

李鸣盛为弟子孙慧珠（右）吊嗓，左为李崇林

李鸣盛和弟子徐保良

传授。《文昭关》是杨派名剧，杜镇杰受教于马长礼，马长礼系杨宝森的入室弟子，所以杜镇杰演来很见功力，不仅具有杨派风范，也颇具其岳父的神韵。尽管如此，在决赛这一天，于魁智的《文昭关》一出场就把观众紧紧吸引住，论扮相，他略显瘦削、单薄，但那落落大方的身段、沉稳细腻的表演和韵味醇厚的唱腔，令评委和观众们赞叹不已，无不为这位优秀杨派老生继承人的脱颖而出感到由衷的高兴。决赛这天，李鸣盛夫妇坐在家中的电视机前，怀着极为紧张的心情观看着于魁智的表演，此时此刻于魁智的一招一式、一字一句都牵着二位老人的心。当决赛完毕，主持人宣布于魁智获得了最佳演员奖时，李鸣盛夫妇高兴得

几乎喊出来。

于魁智在全国青年京剧演员电视大赛中一举夺魁后，第二天便捧着奖杯来到李鸣盛家里，他要让为自己浸注大量心血的老师、师母分享这份荣耀。李鸣盛看到于魁智在短短几个月间取得这样突出的成绩，自然格外欢喜，而他心中想得更多的是：要传授给他更多的剧目，告诫他戒骄戒躁，鼓励他继续努力。没过几天，李鸣盛又不知疲倦地开始一字一板地教起了《秦琼发配》《洪羊洞》……他期盼的是于魁智学到更多的东西，艺术不断长进。

屈指一算，近十年间李鸣盛在全国各地也收了不少学生，除上述者之外，还有河北省京剧团的王富友，大连市京剧院的女老生孙慧珠，徐州的冠耀光，山东的周庆孝、刘建杰、孙诚、王文清，云南的徐保良，哈尔滨的关胜利，中国京剧院的青年演员黄炳强，上海京剧院的李军……

李鸣盛晚年从台上演出慢慢走到了台下教学，其实教戏不比演戏轻松，需要强烈的责任心，需要付出汗水和心血，能亲自培养这么多勤学苦练有志有为的年轻人，亲自传承这门自己钟爱了一生的艺术，亲眼看到这么多后起之秀坚守舞台给京剧事业振兴带来的希望，他由衷感到自豪、高兴和欣慰。

16
婚姻

常言道：天有不测风云，人有旦夕祸福。1980 年初，和李鸣盛朝夕与共、患难相依的妻子白棣，不幸患癌症，医治无效离开了人间。"男儿有泪不轻弹"，李鸣盛这个硬汉子难以自抑地落下了悲伤的泪水。自从 1948 年李鸣盛与白棣结为百年之好，夫妻和睦相处三十余载，妻子昔日的音容笑貌，不时映现在他的脑海之中。

说起李鸣盛与白棣的结合，倒是的的确确遵循了旧时代的"父母之命、媒妁之言"。那时候的戏班子里常是圈套圈、环套环的关系，父一辈、子一辈时兴认个干亲，也好在各方面有个照应。李鸣盛的父亲李华亭在梨园界是个掌管业务大权的头面人物，很爱惜人才。他见青年武生张云溪台上玩意儿出众，台下人品不错，就把他认为义子。张云溪的母亲久在戏班，很讲礼面，她看李鸣盛为人老实厚道，演戏又很有出息，甚是喜爱，于是也认他当了干儿子。这个张老太太不仅对亲生儿女疼爱，对义子同样视为己出，这不单单是表现在吃喝上，就连终身大事也牵肠挂肚。她看李鸣盛已有二十好几，李华亭整天忙着组班、邀角的事情，顾不上给儿子张罗个媳妇，这个热心肠的干妈，就悄悄开始为义子寻觅起对象来。

一天，张老太太正在家里打牌，从门外走进一个二十出头的大姑娘。只见这闺女中等身材，胖乎乎的圆脸儿，两只明亮的大眼睛，两条乌黑的长辫子甩在身后，模样儿十分俊俏，举止也很文雅娴静……姑娘名叫白美棣（后改名白棣），是替她父亲白家麟给云溪大哥送信的。张老太太听罢心中猛然一亮，这个姑娘敢情是名老生白家麟的千金小姐呀！怪不得这样惹人喜爱。她急忙拉住姑娘的手问长问短……

张老太太和白家麟很熟识，白家麟高派戏唱得好，老爷戏（关羽戏）也很出色，尤其是主演《八仙得道》扮演张果老，他在舞台上倒骑驴背边唱边做，堪称一绝，颇受观众喜爱。这时，白家麟正和张云溪一起搭班演戏，关系很好，可张老太太却没想到白家麟还有这么个漂亮的闺女。经过一番攀扯，她得知白棣姑娘也属虎，可巧与鸣盛同庚，于是当干妈的决定要为干儿子说成这门亲事。张老太太把自己的想法这边跟李华亭两口子一说道，那边跟白家麟夫妇一商量，两家在梨园界都赫赫有名，可称得上门当户对，所以没费多大劲，这桩亲事就谈妥了。时隔不久，就按照皇历选定了黄道吉日，要为这对年轻人完婚。

日子是定好了，正巧这段时间李鸣盛与四小名旦之一的张君秋在天津中国大戏院演出。那时候演出

青年时期的李鸣盛、白棣夫妇

是事先和戏院签下合同，一演就是一期 12 天，中间不得停演，亦不能提前结束。可是双方父母为儿女选定的日子，就在演出期间，既不能耽误演出，又唯恐误了吉日良辰。李鸣盛的父母思来想去，尽管李鸣盛在天津尚有四场大戏没唱完，还是替他请了一天假。这一天的戏，由张君秋代劳独挑大梁。

婚礼是在北京宣武门内翠花街 12 号李家新宅举行的。宽敞的大三合院里张灯结彩。临时搭起了一个大席棚，宾客盈门。著名高派老生李宗义的妻子和张君秋的元配夫人分别担任接亲太太和娶亲太太。张君秋的双胞胎儿子学津、学海给新娘拉纱。一乘花轿把新娘子白棣抬进门来，李鸣盛身穿长袍马褂，十字披红，胸前戴了一朵绸子做的大红花，按着老式规矩持箭射了轿帘。接亲、送亲太太一边一个，搀着新娘下了花轿，到了正房拜了天地，吹吹打打、鞭炮齐鸣，十分热闹。

李鸣盛（右）、白棣（左）与大姐李多芬在一起

新郎新娘虽然拜了花堂，却没有进入洞房，为什么？其实这是李鸣盛的父母与他事先商议好的。因为这时李鸣盛已是挑梁老生，名气在外，眼下在天津还有几场戏没唱完，如果此刻进入洞房，只恐贪恋花烛之夜而伤耗精力，损害身体，更怕由此弄坏了嗓子而影响次日的演出（戏曲界历来认为夫妻生活处理不好，会直接损害

1949年李鸣盛、白棣夫妇与长子李钧

嗓音）。为了对得起观众，为了自己钟爱的艺术，李鸣盛毅然于次日清晨匆匆返回天津，用他那清脆的嗓音，唱开了大戏。

婚后，李鸣盛和白棣相敬如宾，甚是恩爱。白棣出生于北京一个老式家庭，自然从小就继承了中国妇女的许多传统美德。她疼爱丈夫胜过自己，家务活总是抢着去干，对李鸣盛照顾得细致入微。为把丈夫的饮食调剂得顺口，她练就了一手烧菜做饭的好本事。丈夫外出演戏，她在家里对公婆和五个子女也竭尽做儿媳和做母亲的责任，以免除丈夫的后顾之忧。1958年李鸣盛夫妇随剧团调到宁夏后，白棣也开始从事演员工作，这样就更有机会与丈夫共同切磋艺术。白棣自幼在父亲白家麟的熏陶下，对京剧有着浓厚的兴趣，自己天生又有一条宽厚、洪亮的好嗓子，通过在剧团里刻苦的学习，以后也成了一名优秀的老旦演员，主演过《钓金龟》《辕门斩子》等传统剧目，并且还曾与丈夫同台合演，她在《四郎探母》饰佘太君，在现代戏《杜鹃山》饰杜妈妈，在《红灯记》中饰李奶奶等等，真正做到了夫唱妇随。

五个子女在他们夫妇的养育下都已长大成人。老大李钧，在甘肃省歌舞剧院从事电工工作。老二李鉴、老三李鸣，子继父业都唱起了老

生。大女儿李红旗，原来在部队宣传队，复员后转业进了工业研究所，如今成了一名很不错的京剧票友。小女儿李亚旗则是个出色的舞蹈演员。正当一家人在艺术的海洋中扬帆奋进的时候，"文化大革命"爆发了。李鸣盛以"反动的资产阶级学术权威"和"走资派"头衔被"群众专政"了。家中被"造反派"抄得不成样子。白棣带着儿女们艰难度日。这位典型的贤妻良母，怎么也想不通老实慈厚的丈夫，为什么受到揪斗，自己是个本本分分的演员，为什么也遭到无端的陪绑、批判。白棣在惊吓之中，落下个血崩的病。她终日为丈夫担忧受怕，泪水伴随着这个善良的妇女，熬过了一天又一天……十年浩劫终于结束了，而白棣这个与李鸣盛相濡以沫的妻子，却因长期忧郁成疾，过早地离开了世间。

白棣的离世，给李鸣盛带来了无比的忧伤和沉重的打击，使他忧心忡忡，失去了精神支柱，在事业上、生活上，一时陷入沉寂和迷茫。也许是天缘巧合，就在李鸣盛从宁夏返回北京养病不久，一个曾在他少年时代爱恋过的女友，闯进了他的沉闷生活，使他又感受到家庭的温暖。重新

白棣在《四郎探母》中饰佘太君

李鸣盛三子李鸣夫妇与儿子

白棣与子女们合影

点燃的情感，让他对未来有了希望，这希望令他的事业开始重新振奋，这位唤起他生活勇气和事业信心的女士就是他后来的夫人——赵真。

赵真原来是李鸣盛的姐姐李多芬的同学。李多芬作为李华亭的长女，由于妈妈终日喜爱打麻将，又有吸鸦片烟的嗜好，所以十几岁便担当起了家庭主妇的角色。旧时代里讲究"女子无才便是德"，而李华亭却很开明，为了不让女儿当一辈子睁眼瞎，就让李多芬与弟弟一起读书，当弟弟弃学习艺以后，姐姐也就随之退学回家了。由于女儿喜爱读书，李华亭便又给女儿请了老师到家中上课。李多芬学的课目很多，她学过绘画，学过日语、英语，在老师中教她时间最长、印象最深的要数从粉房琉璃街会馆里请来教文化的何老师。

　　何老师五十上下的年纪，总是穿着一件长袍子，说话待人和气，像个老学究。他教课很耐心。何老师教的课文也不是私塾先生所惯用的老八股儿那一套，全是些带有进步思想的新文章。这位何老师同时兼教着几个学生，如李万春的妹妹李惠英，马连良之女马莘秋等人。何老师是定时来家给李多芬上课。从何老师的口中，李多芬知道了另一个名叫赵鸿龄的女生，她学习刻苦认真，成绩在几个学生中名列前茅，而且人品又好。因此，李多芬一直渴望能认识认识这位何老师经常夸奖的学生。一次偶然的机会，她在何老师的介绍下见到了赵鸿龄，她们一见如故、亲如姊妹。后来，因赵鸿龄家里生活比较困难，何老师就免去了她的学费，让她到李家与李多芬一起上课。这个当时叫赵鸿龄的女学生，

≪ **139**

16　婚姻

《钗头凤》中丛兆桓饰陆游、赵真饰唐琬

就是现在的赵真。李多芬与赵真年纪相仿，脾气相投，本来两人就很要好，这回能经常在一起学习，都非常高兴。有一次将要下课，突然天空乌云密布，瞬间电闪雷鸣，下起了瓢泼大雨，赵真被截在李家，心里十分着急。李多芬却安慰赵真吃过饭等雨停再走，赵真也只好留了下来。

赵真虽然经常到李家来，只知道李多芬姐妹较多，有时还常和她们聊上几句。可今天在饭桌上却头一次发现李家还有个十六七岁的男孩儿，悄悄向李多芬询问，才知道这是她的弟弟李鸣盛。初见李鸣盛，赵真觉得很可笑，她笑他长得虎头虎脑，是那样的单纯、老实，不大爱说话，这最初的印象深深印在了这位鸿姐的心里。随着时间的推移，赵真到李家的次数越来越多，和李鸣盛渐渐熟悉了。频繁的接触，在李鸣盛眼里，鸿姐真像个姐姐一样又沉稳，又朴实，也很关心他。

李多芬和赵真亲密无间，两家又相距不远，李多芬经常叫赵真住在家里与她做伴儿。时间一长，赵真也俨然成了李家的成员之一。这时正是李鸣盛"倒仓"变嗓之际。为了把嗓子练出来，李鸣盛每天天不亮就起身到偏僻、荒凉的窑台儿去喊嗓子。年龄稍大的鸿姐，有时担心鸣盛一个人去胆小害怕，尽管凯利紧随身边，但毕竟那是一只小狗。于是赵

真就索性陪着这个小弟弟一同前往。就这样一来二去，两个孩子心里都渐渐萌发了那带有微妙和神奇色彩的情思。步入青年阶段的李鸣盛，每天除去学戏练功以外，有了闲空就希望能与鸿姐聊聊天儿，说说话儿。

赵真看到李鸣盛学戏那种刻苦劲儿，又心疼，又怜爱。李鸣盛学戏累了以后，想吃什么，也偷偷地告诉鸿姐。虽然这些小事他们都是避开大人进行的，但是做父母的对此却早已有所察觉。

李鸣盛的妈妈很喜欢这位赵家姑娘，经常夸奖她聪明、能干，跟自己的亲闺女一样，但如果要让她当自己的儿媳妇，老太太却很难点下这个头。赵真出身贫寒，父亲在铁工厂里搞制图，用今天的话说，充其量不过是个技术员。而李鸣盛的父亲李华亭，此时在京津戏曲界中既是大戏院的经理，又担任着班社的社长，连京剧界的四大名旦、四大须生对他都非常尊敬，可谓声名显赫，在梨园界中称得上高门大户。这样的地位、身份，若与赵真家里相比，那是大巫见小巫，门不当来户不对。如此家庭，儿女们再相亲相爱，也很难联姻。再说赵真纵然十分爱恋鸣盛，由于她受何老师进步思想的影响较深，对于李家这封建式的家庭，她不能不有所顾忌，她已揣测出李鸣盛父母的心思，她也怕如果真到了李家，难免会成为一个无所作为的家庭主妇。为此，二人只能心照不宣地把各自的感情深深地埋在心底，1948 年他们恋恋不舍地分手。不久，赵真在一位进步人士的指引下离开了北平，走进了革命队伍，在那里追寻自己的事业。从一个学生，成为了一个新文艺工作者，最后又刻苦钻研医学，成为一名卓有成就的医生。在以后的岁月中，当年那纯真无邪的友情也早已成了他们美好的回忆。

十年浩劫中，李鸣盛与夫人白棣曾从宁夏到北京看病，在友谊医院偶然见到了这位昔日的女友。赵真第一次见到白棣，见李鸣盛的这位妻

子老实、贤惠，心中不禁默默为他祝福。但万万没想到，事隔几年之后，白棣竟被病魔夺去了生命，李鸣盛因此受到了沉重的打击。那时，赵真看到的在京养病的李鸣盛，当年的气质、风度几乎消失了，人也显得格外衰老。

三十几年后的李鸣盛已成为蜚声全国的京剧表演艺术家，是戏曲界的杰出人才，是党和人民的宝贵财富。正因为这样，赵真了解他，同情他，更为他后半生的艺术事业和生活所忧虑。为了使他在痛苦中振作起来，她决定携手李鸣盛，去帮助他，辅佐他。尽管经过了一番风风雨雨，但在各方面的支持下，李鸣盛与赵真这对少年时的情侣终于结合了。

如果说白棣是个典型的贤妻良母，那么赵真则称得上是得力的贤内助。赵真自从与李鸣盛结合以后，不仅把丈夫的生活管理得井井有条，更重要的是在事业上给予了李鸣盛很大帮助。譬如她对李鸣盛的嗓子进行保健治疗，协助他整理艺术资料，搞演出笔记，接待来访客人，处理观众来信……

李鸣盛是当时享誉海内外的艺术家，作为一位艺术家的夫人，赵真在关键时候都发挥了良好的作用。那些年，社会上有人把艺术当作纯商品，一旦有人需要，便可以将艺术与金钱进行交换，甚至把艺术当作索取高价的条件。有些演员，尤其一些名演员，若有人邀请演出，就毫不顾忌地向对方提出种种条件，如报酬少不去，无飞机不去，不住高级宾馆不去，不带家属不去……常常弄得对方进退两难，由此，给文艺界造成了极不好的影响。出现这些问题，有些主要来自演员本人，但也有的是这些名演员们的夫人吹"枕边风"所致。而李鸣盛在中国人民解放军这个革命的熔炉里得到过锤炼，受党的教育多年，他淡泊名利，在名

李鸣盛与赵真"妇唱夫随"

李鸣盛、赵真夫妇和大姐李多芬（左一）、五妹李鸣茜（左二）

誉、地位、报酬等方面从不计较，心甘情愿在艺术上做出无私的奉献。赵真对丈夫的高尚品德由衷地钦佩，也极力地支持。

在上海举办的南北著名京剧表演艺术家合作盛会上，李鸣盛以突出的表现，赢得了人们的高度称赞。对此，1985年11月25日的上海《文汇报》曾以"京剧艺术家李鸣盛戏德高尚"为标题，做了如下报道：

> 本报讯（记者汪澜）著名京剧表演艺术家李鸣盛在沪演出期间不争名利地位，热心提携新人，被广大观众传为佳话。
>
> 李鸣盛是应邀来沪参加南北著名京剧表演艺术家交流演出活动的。到沪不久，他即在本报组织的南北京剧艺术家座谈会上向同行们发出倡议：要通过这一活动，促进京剧界的团结和振兴，不仅要在艺术上，而且要在思想作风上为同行和后辈做出榜样。
>
> 参加这次活动的演员所下榻处申江饭店地处闹市。主办单位为照顾几位年老体弱的艺术家，决定请他们到条件较好的锦江饭店住宿。李鸣盛得知后婉言谢绝了，他说：我是来搞艺术的，不是来享受的。整个演出过程中，他未向主办单位提过一次有关待遇和报酬方面的要求；在演员名单顺序排列、戏目的安排上，他都无条件地服从组织者的安排，体现了一位老艺术家的高尚戏德和思想境界。
>
> 因一位老演员身体欠佳，十八日的演出需临时补充一档戏。当主办单位找李鸣盛和童芷苓商量时，他俩一口答应将《打渔杀家》翻演一场。按原定计划，十八日演出的大轴戏是天津中年演员马少良的《八大锤》，李鸣盛、童芷苓为提携后辈，欣然唱开锣戏，甘心情愿为中年演员垫戏，广大京剧观众得知此事称赞不已。

李鸣盛在武汉演出得到观众好评。图为演出后观众向李鸣盛赠送锦旗

　　上海的演出，李鸣盛和夫人赵真给人们留下了非常好的印象。武汉的演出，李鸣盛在剧场没有取暖设备的情况下，冒着严寒为观众上演拿手好戏，令武汉观众十分感动。以后无论到海滨城市大连或北上哈尔滨进行教学示范演出，他们夫妇的严于律己，都是有口皆碑。为了给公家节约开支，他们放弃住高级宾馆，去住办公室、剧场，甚至住在教室里，把课桌拼起来当床。夫人赵真竟然在外出中把来往乘车、住宿、伙食费用一切自理，难怪黑龙江省京剧团的党支部书记在李鸣盛等人在该团结束强化集训教学的欢送会上发言说："……把老师请到剧团来，对

于我们是全面受益，首要的当然是说艺术素质有了提高，又不仅限于此，还有思想的、纪律的以及其他方面的素质的提高。我们是受益户，可老师们却是亏损户，这一点并非人人都知道。这里我只讲一个事例，就是作为李老师的贤内助、好后勤，体贴入微的保健医生的赵老师是自费来省京的，包括往返路费、住宿费、饭费等等一切费用都是自理的。这是为什么？老师们绝不是为名、为利，只为建设有中国特色的社会主义，只为振兴京剧事业，只为扶助我们省京……"

歌词中有这样一句曾被人们广泛长久地传唱，"军功章呵，有我的一半，也有你的一半"，这也是对李鸣盛、赵真夫妇的一个真实写照：那些年，报纸上、电台里、电视上不断有赞扬李鸣盛艺德高尚的相关报道。李鸣盛看到：赵真把她的后半生与自己神圣的京剧事业紧紧地联系在一起，默默地支持自己，无私地为自己做出奉献……每当想到这一切，他都感到无比满足和幸福，赵真也为此感到无比欣慰和自豪。

17

脍炙人口《三家店》

"将身儿来至在大街口，尊一声过往宾朋听从头……"这是当前在戏迷票友中间特别流行的一个【西皮流水】唱段，而说起传统戏《三家店》中的这个精彩唱段，虽然不是李鸣盛先生首唱，却是与他有着密切的关系，这话一说又回到了五十几年前。

大约在 1950 年前后，当时由李鸣盛领衔的北京进步京剧团到南京巡回演出，恰好遇到名老生周啸天率团在同一个剧场公演，所演剧目包括全部《打登州》。全部《打登州》是一出传统的文武老生应工戏，戏中秦琼唱、念、打都十分繁重，主要包括《三家店》和《夜打登州》两个部分。作为马派弟子的周啸天，对这出戏非常拿手，经过不断演出磨炼，《打登州》已经成了周啸天的看家剧目。此时，周啸天在南京的演出因营业不佳，演毕即报散离开，周离开了南京。李鸣盛在南京看完这个戏后非常喜爱，于是便邀请了周啸天的班底人员如演员冯玉增、琴师黄金陆等人留下共事，并很快在他们的帮助下学习、演出了这个戏。

1952 年，李鸣盛加入了当时的中国人民解放军军委总政治部京剧团（即后来的中国京剧院老四团）。此间，由于总政京剧团要经常下部队演出，多以折子戏或时间较短的大戏为主，所以全部《打登州》的

李鸣盛在《打登州》中饰秦琼

演出机会很少，李鸣盛便将《打登州》全剧中的《三家店》一折加以整理，作为独立的折子戏上演，名曰《秦琼发配》（又称《三家店》），李鸣盛饰秦琼，著名金派花脸郭元汾和谭世英先生分别扮演史大奈，小生演员陈荣岚扮演罗周。其中著名的【西皮流水】唱段"将身儿来至在大街口"就是李鸣盛和他的琴师高月波先生共同在原来周啸天演唱的基础上进行再创造而形成的。首先高月波把起唱前的胡琴小过门进行了重新设计，使之俏丽别致，不同于一般【西皮流水】过门，很有特色。再者，唱腔多处也做了重新处理，如唱句中"将身儿来至在"的"至"字，"因此上发配到登州"的"因此上"和"登州"几个字，都使其字音唱正。同时唱词也略有修改，如原词中的"娘生儿，一块肉"改为了"娘生儿，连心肉"等。因李鸣盛崇尚杨派，高月波又是杨

宝忠先生的学生，所以这段唱腔以及剧中其他唱段的唱腔，都体现出了杨派的风格。

《秦琼发配》于1957年经北京人民广播电台播出后，影响很大，由于这段【西皮流水】唱腔清新、俏丽、流畅，所以甚为人们所喜爱。由此，这段脍炙人口的唱腔，不胫而走，一直传唱至今，不论专业演员和戏迷票友，只要在京剧晚会当中，就少不了演唱这段"将身儿"，而绝大多数的演唱者，采用的就是李鸣盛的这个版本。李鸣盛在中国人民解放军总政京剧团或中国京剧院老四团、宁夏京剧团工作期间，始终想把全部《打登州》重新搬上舞台，但由于种种原因一直都未能如愿，直至20世纪80年代初，他应邀为大连京剧团教戏，才在大连京剧团的配合下，实现了多年的愿望。1986年，李鸣盛应邀为黑龙江省京剧院传艺，再次演出了该剧，并录制、出版了全剧的音带。同年，李鸣盛应宁夏电视台邀请，对《打登州》中的"游街"一场进行了录像，并且和艺术顾问刘连伦一起，对一些陈旧的唱词进行了修改，如"徐茂公生来多奥妙"改为"徐茂公奇才世间少"等等。待到20世纪90年代末，李鸣盛又应上海京剧院之邀，将全部《打登州》传授给了新收的弟子李军。

18

音像珍品永流芳

早先，戏曲这门艺术只是在舞台上演出。艺人们演完唱完，除留下一些白纸黑字的戏本儿，其形象艺术也就如同过眼云烟，不复存在了，因为那个年代科学不发达，既没有照相技术，更没有今天这录音录像的先进设备。因此京剧艺术的开创者程长庚、张二奎、余三胜等人，虽然名冠一时，却没有给后人留下任何声像资料。到了老生泰斗谭鑫培这一代，电影技术总算传进了中国。1905 年秋天，谭大老板在北京丰泰照相馆拍下了第一部戏曲影片《定军山》片段。以后京剧大师梅兰芳和程砚秋、尚小云、周信芳、盖叫天、马连良、李少春、裘盛戎等艺术家，也都在新中国成立前后拍了不少电影。但由于条件有限，并没有把他们宝贵的艺术财富更多、更完美地保留下来，这成为京剧界一件难以弥补的憾事。所庆幸的是，20 世纪 70 年代末，录像技术在神州大地开始普及，抢救纪录著名艺术家们精湛技艺的工作，也得到了各方面的重视。对于李鸣盛这样的老生杰才，当然也不例外。

20 世纪 50 年代，李鸣盛曾在当时的北京人民广播电台录下他的拿手名剧《捉放曹》《文昭关》《秦琼发配》等。到了宁夏，又陆续在宁夏人民广播电台留下了《伍子胥》《除三害》《空城计》《斩马谡》《四郎探

母》《捉放曹》《碰碑》《宋江题诗》《甘露寺》《打渔杀家》《法门寺》等戏的唱段。到了70年代末，宁夏电视台第一个将他的《文昭关》录制成戏曲艺术片在全国播放。1983年天津音像公司录下了他的《文昭关》，同时还有他的代表作《碰碑》。1985年李鸣盛与大连京剧团合演他重新整理的全部《打登州》，大连电视台也将这次精彩的演出用镜头保留下来。

据不完全统计，李鸣盛主演的剧目已被录像的还有在上海与童芷苓合作的《打渔杀家》，在京与中国戏曲学院师生合作的《四郎探母》，在京与吴素秋合作《坐楼杀惜》等。北国音像出版社、黑龙江音像出版社、中国唱片总公司、

20世纪80年代李鸣盛在《定军山》中饰黄忠

天津音像公司相继把他与孟俊泉、张国泰合作的《捉放曹》，与黑龙江省京剧团合作的《打登州》，与天津市京剧三团合作的《文昭关》《碰碑》及《奇冤报》《空城计》《搜孤救孤》《王佐断臂》《法门寺》等唱段录制成盒式录音带在全国销售，深受广大观众喜爱。而较全面集中地、系统地录制李鸣盛代表剧目，还当属宁夏电视台、宁夏人民广播电台，它们联合录制了《李鸣盛京剧艺术集锦》。

宁夏电视台台长徐志健，这个毕业于四川大学的老新闻工作者，对祖国的京剧艺术视如家珍，而宁夏人民广播电台文艺部主任刘继英，

李鸣盛在《宋江题诗》中饰宋江

又是个对京剧艺术既有研究又颇有感情的女行家。在这两位负责人的积极倡导下，宁夏电视台、宁夏人民广播电台决定将李鸣盛的舞台艺术录制成电视片。摄制班子很快成立了：由刚从北京广播学院进修回来的蒋季平任电视导演，宁夏京剧团的编导刘连伦任艺术顾问，徐志健担任总监制。

1986年李鸣盛正好60岁，在花甲之年录制一部能较全面表现他艺术风格的电视片似乎更有意义。7月8日李鸣盛夫妇刚刚结束了在哈尔

李鸣盛（右二）在《战太平》中饰花云

滨的录音工作，还没来得及好好休息休息，就马不停蹄风尘仆仆地从北国冰城来到了他的第二故乡——塞上古城银川。

剧目已商量确定，共包括《文昭关》中的"夜叹"、《捉放曹》中的"行路"、《定军山》中的"下书"、《战太平》中的"别妻"、《打登州》中的"游街"、《王佐断臂》中的"断臂"、《除三害》中的"路遇"、《鱼藏剑》中的"乞街"、《碰碑》中的"探路"及《斩马谡》和《宋江题诗》。别看这些剧目大多数是选场，可所选的每一段戏，用内行话说

李鸣盛在《王佐断臂》中饰王佐

都是"戏核儿",是全剧的精华。像《文昭关》,谁不想听到那段耐人寻味的"叹五更"?《鱼藏剑》里谁不想欣赏那悲怆、凄凉的【反西皮】,《碰碑》中当然要属大段动听的【反二黄】最过瘾,《战太平》里花云见孙氏一折更是脍炙人口。《斩马谡》这出戏突出体现了李鸣盛在继承杨派方面的深厚功力。一出《宋江题诗》则彰显了李鸣盛独特的飘逸、深沉、凝重、高雅的艺术风格。

为了拍好这部长达 220 分钟的艺术片,宁夏京剧团抽出了一批优秀演员加以配合,如殷元和的弟子、花脸演员梁嘉禾,李鸣盛的老搭档、余派老生演员刘顺奎,曾坐科于北平中华戏曲专科学校的丑角演员金玉

李鸣盛（中）和琴师宋士芳（右）在家中

恒，曾与王吟秋长期合作的小生演员汪野航，毕业于北京荣春社科班的老旦演员曹长宝和程派青衣靳芳等。李鸣盛的两位公子李鉴、李鸣也分别在《斩马谡》中扮演了赵云和王平。乐队方面除老搭档高月波以外，还特邀了黑龙江省京剧院的著名琴师宋士芳前来相助。

李鸣盛在艺术上从不保守，他历来主张发展艺术要跟上时代步伐。于是他与艺术顾问、导演、鼓师、琴师一起，对戏中的音乐、唱腔、唱词、表演都做了进一步加工整理。如在《宋江题诗》一剧中，为了烘托人物感情变化，及对环境气氛的渲染，破例在戏里加进了古筝伴奏。对其他剧目中的唱词，改得更趋合理，删掉了老戏中的陈词旧句。唱腔过

门改得十分丰富细腻，增强了曲调的感染力。经过一番共同努力，11出标志着李鸣盛在京剧艺术道路上继承和发展的优秀传统戏集萃，开始了紧张的录制。

7月的塞上，骄阳如火，坐落在银川新市区的宁夏电视台大演播厅里，炽热的灯光把人烤得难以忍受，即便穿短裤背心，也不住地往下淌汗。而在这种高温下，李鸣盛竟披起了比棉衣还厚的"胖袄"（戏装里面的棉衬衣，穿上它则显得人物更威武、魁伟），外罩两三层的戏装，头上勒紧水纱、发网，戴上盔头，脚下蹬起了厚底高靴，光这一身打扮，就已捂得汗流浃背，更甭说锣鼓一响又唱又舞又念又表了。李鸣盛果然宝刀不老，虽已是六旬老人，抬手投足，处处到家；喜怒哀乐，无不动情。他就是这样连续工作一个月，便完成了全部的录音录像。在电视片中他分别塑造了具有各类代表性的安工、衰派及靠把老生的角色。有人欣赏了李鸣盛的录像后写下了这样的诗句：

> 栩栩如生诸葛亮，嫉恶如仇活宋江。
> 黄忠不减当年勇，王佐断臂人颂扬。
> 子胥闯关堪悲壮，时吉陈宫心善良。
> 花云秦琼多威武，令公催我泪千行。
> 花甲挥汗洒塞上，音像珍品永流芳。

《李鸣盛京剧艺术集锦》分为四集在全国各省市及中央电视台播出后，受到了广大观众的好评。这部艺术片在海外也引起了强烈反响，不少华侨在海外观赏后说，看李鸣盛的精彩表演，真是一种高层次的艺术享受，深为祖国的京剧艺术如此璀璨夺目而感到无比的骄傲和自豪。这

使他们这些海外的游子更加热爱祖国，热爱祖国的民族艺术。

继《李鸣盛京剧艺术集锦》之后，1988年宁夏电视台又在原班人马的基础上，为李鸣盛录制了专题片《玉音响四方》。这部艺术片从舞台下的角度，展现了李鸣盛这位名闻遐迩的艺术家生活、课徒、练功等各个侧面的活动，使更多的海内外观众，对这位艺高德昭的艺术家有了更深刻的了解。

19

余晖灿灿春无限

古诗云：少壮能几时，鬓发各已苍。

人生一世，终归要老，这是自然规律。如何度过晚年，老人们选择的方式各有不同。有的人在离退休之后，或在家含饴弄孙，尽享天伦之乐；或终日遛鸟养鱼，寻求自在清闲；或聚集一处，忙于"筑城""够级"，找乐消磨时光。也有不少老人老不惬心，视自己一生所从事的事业为第一生命，非要"春蚕到死丝方尽，蜡炬成灰泪始干"。李鸣盛便是这个行列中的一员。

李鸣盛退休回北京之后，一年到头不得清闲，反而比退休前更加忙碌了。外地慕名前来请他去演拿手好戏；北京时而有演出活动，请他粉墨登场。他曾多次深入北京工业大学、北京大学、北京师范大学等大专院校讲授京剧知识，也曾先后去北京草园文化站、新开路文化站、和平街文化站、国子监文化站为人们清唱……

即便在家中李鸣盛也难得闲暇。一批酷爱京剧的外行朋友、内行师友隔三差五地来，探讨京剧发展，切磋技艺。诸如北京交通大学的卢肇铨教授、北京林业大学的孟兆桢教授、北京师范大学经济系的程树理主任，他们虽执教于高等学府，在业余生活中对操琴却颇有兴趣，三把京

李鸣盛在京剧讲座中

20 世纪 90 年代李鸣盛与京剧名家在一起。（右起）李鸣盛、王世续、李慧芳、王金璐

胡，拉起来是各有千秋。国际贸易研究所研究员张毓英，喜好司鼓，每每操起鼓极可谓如醉似痴。航天部高级工程师王万有是个杨派迷，不仅在科学上不断有研究发明，对京剧也饶有兴趣，与李鸣盛聊起京剧改革，总是滔滔不断。这些教授、专家希望通过给李鸣盛司鼓、操琴和听李鸣盛谈戏，能不断提高自己的伴奏水平、丰富自己的京剧知识。李鸣盛也想通过与这些高级知识分子的交往，提高自己的文化素质，更有利于自己在艺术上的开拓和发展。

杨洁来了，这位国家体委的原国家女篮名将，是蜚声艺坛的名票，她酷爱京剧杨派老生，对李鸣盛也十分敬重，不是邀请李鸣盛去由她主持的百乐酒店参加清唱活动，就是登门与这位优秀的杨派传人一起切磋技艺，研讨杨派艺术。

袁国林来了，这位著名的侯派花脸演员也是李鸣盛家中的座上客。他敬慕李鸣盛的为人，视其为兄长，每次一进家门，聊戏说戏就是他们的话题。在此基础上，他们合作演出的《除三害》，给观众留下了深刻的印象。

李鸣盛为京剧事业培养接班人，不仅仅局限于京剧界的圈内，而且在业余爱好者中也正式收了几名学生。如公安部技术部的朱小希和中国仪器进出口总公司的工程师陈超。这两个年轻人酷爱京剧杨派老生，也非常崇拜李鸣盛的艺术。李鸣盛没有因为他们是业余学戏者而降低教授标准，同样严肃认真，不遗余力。哪怕一个字音，一个小腔儿，也说得仔仔细细。两个学生拜师后不图虚名，学习相当刻苦，经过不懈努力，技艺大有提高。每当他们登台清唱时，连内行人也禁不住夸奖他们唱得地道，可与专业演员论伯仲。这和李鸣盛的亲传实授、严格要求不无关系。

参加社会公益活动，李鸣盛也不甘落后。1990年全国人民都在积

李鸣盛与票友切磋

李鸣盛为社区清唱

极为迎接"亚运"作出贡献，当北京市的中国民立促进会的负责同志找到李鸣盛，请他参加在承德市举办的"迎亚运文艺义演"时，他二话没说，当即点头同意，并很快与名花脸袁国林一起说起了戏，排好了《除三害》，等待演出。同年9月的一天，他与著名歌唱家李光羲、姜家锵，还有相声表演艺术家赵振铎等驱车同往承德。汽车早上9点多钟出发，谁知还未驶出北京的远郊区就遇到了交通事故。时间一拖再拖，李鸣盛等人心急如火。北京距承德只有200多公里的路程，而汽车却在路上行进了将近10个小时。等汽车抵达承德时，承德市体育馆几千名观众已在那里等候。见此情况，演员们顾不得一路疲乏，匆匆吃过晚饭，就开

《除三害》中李鸣盛（左）饰时吉，袁国林饰周处

始了演出准备工作。李鸣盛和袁国林的彩唱《除三害》虽然是全台晚会的最后一个节目，但这二位早早坐到了化妆台前。

这次迎"亚运"义演，在承德引起了很大的震动，艺术家们的精彩表演，给观众留下了深刻的印象。尤其李鸣盛的大轴戏，更令人赏心悦目。这位年逾六旬的艺术家克服了体育馆内地板滑、表演必须面对四周观众等特殊情况，依然用他那动听的歌喉和优美的身段及真挚的表演，给人们带来了完美的艺术享受。演出结束，观众以极其热烈的掌声向李鸣盛等人表示谢意。

1991年夏，李鸣盛在家中看到电视、报纸上报道安徽、江苏等地受灾的情况，他心急如火，在此关键时刻，他总想赶快以己一技之长去为灾区人民尽绵薄之力。

北京的赈灾义演大部分是由各单位出头组织的，他无法加入。可是当他听说前门大碗茶商贸集团的老舍茶馆要举办京剧清唱义演时，连忙主动与对方取得联系。对方负责人听说李鸣盛要参加义演，又是感动又是为难。没想到这位著名的艺术家竟不请自到，主动上门，精神难能可贵。为难的是原定参加演出的人员名单已交报社付印，李鸣盛如果参加，只能做无名的奉献。面对这个问题李鸣盛未有半点犹豫，他非常痛快地表示："我参加赈灾义演，是为了表达我对支援灾区人民的一片心意，不是为了捞取什么资本，报纸上登名不登名，无所谓！"李鸣盛终于"加塞儿"参加了这次演出，当主持人向观众介绍了李鸣盛要求演出的经过时，台下爆发出一阵热烈掌声。李鸣盛在台上表演了他拿手的唱段，观众对他更是敬慕，接连不断地向他送去了掌声和喝彩。第二天报纸上刊登了这次义演的消息，果然众多著名艺术家的大名均见报，唯独不见李鸣盛。然而，他却毫不介意地说："这次我能

李鸣盛在《将相和》中饰蔺相如

参加赈灾义演，能通过演唱表达出我对灾区人民的一片情意，感到无比欣慰，这就足够了。"

　　首都纪念徽班进京 200 周年演出活动结束以后，广大专业京剧工作者和京剧爱好者，都在继续为振兴京剧尽心竭力，李鸣盛因此而更加繁忙。电台搞全国业余京剧大奖赛，他应邀担任评委。炎热的夏天，他和评委们非常辛苦，不厌其烦地一遍又一遍筛听着全国各省市选送来的录音带，以便从中挑选出成绩优秀者。当听到好的唱段时，他异常兴奋，

李鸣盛（左）与钱江在《沙桥饯别》中分别饰唐王与玄奘

就像喝了几杯美酒，从心底为能在业余京剧爱好者中间发现佼佼者而激动不已。不久，全国青年京剧演员电视大赛进入决赛，他又应邀担任评委。赛前，李鸣盛仔细地观看着一盘盘录像带；决赛时，他坐在台下聚精会神地观看评选，对每个参赛的青年演员，慎重地投下自己神圣的一票。大赛结束了，他又热情地为青年们辅导，指出演出中的优点和不足……李鸣盛就这样不辞辛苦、殚心竭虑地去尽一个老艺术家的责任，他那颗对京剧艺术的缱绻之心始终为京剧的传承奋力地跳动着！

慷慨心犹壮，蹉跎鬓已秋。就在李鸣盛年近古稀的时候，壮心犹存的他，又被聘为北京海淀区京昆艺术协会顾问。中国戏曲学院大专进修班也请他去定期为学生们授课。这样，在他已满满当当的日程里，又增添了一些新的内容。伴随着忙、累，李鸣盛心底涌出的是宽慰、愉悦。诚然，一位京剧表演艺术家，能为钟情一生的京剧事业毕生操劳，岂不乐哉快哉！

附录　李鸣盛谈艺录

1

琐谈《碰碑》

　　《碰碑》又名《李陵碑》，旧本演出因带有七郎延嗣给杨令公托兆（托梦）的情节，故又称为《托兆碰碑》。

　　这个戏描写了宋代老将杨老令公（即杨继业，又称杨业）在两狼山被敌军围困，七郎延嗣奉父命回雁门关求援搬兵，奸臣潘洪不但不予发兵，反而公报私仇，将七郎捆绑芭蕉树上乱箭射死。继业不见七郎音信，又命六郎前去打探，仍未将救兵盼到。杨老令公在敌军围困之中，盼兵不到，盼子不归，饥寒交迫，最终绝望地碰死在李陵碑下，以身殉国。

　　历史上的杨继业是在力战群敌中不幸被俘绝食而死的。老百姓出于对杨令公及杨家将的崇敬，不愿意让这位老英雄落到敌人手中，故此编撰了杨老令公碰碑殉国的情节，增加了人物命运的悲壮气氛。

　　《碰碑》是谭派名剧之一，以后杨宝森先生又以自己独特的风格使其成为杨派的代表作。我演这出戏，也是在继承前辈的基础上，根据自身条件和对人物的理解以及长时期的舞台实践，对杨老令公这一家喻户晓的历史人物进行了着力的刻画。数十年来，从剧本、唱腔、表演几方面都在不断地进行修改和加工，首先是剧本。老的《碰碑》前边既带托

兆，后边还要有苏武的鬼魂角色出场。如第一场即有铜锤花脸应工的七郎延嗣鬼魂角色登场，念罢"在阳世拳打潘豹，到阴曹恶气难消"两句对儿，接着叙述自己被害经过，最后率鬼卒前去宋营给令公托梦，这里七郎有一段【二黄导板】【原板】唱腔。实际这是一个交代性的垫场。

下来便是杨令公的场子，一段【二黄导板】【回龙】【快三眼】唱腔，表现了杨继业盼子心切的忧伤心情。当杨延昭上唱几句【原板】后，七郎鬼魂再上，通过几段脍炙人口的花脸唱腔，表述了七郎驾阴风来与爹爹托梦，向爹爹诉说自己被潘洪所害经过。

上边这些情节充满了迷信色彩。以前上七郎鬼魂也是在某种情况下为了发挥花脸演员的特长，为戏增加色彩。当然这几段动听优美的花脸唱腔在观众中具有一定的影响，情节实际上与剧情发展关联不大，可有可无。因此，我在演出中，首先删除了"托兆"一段，改成由杨令公做梦推测七郎已遇害身亡。因令公思虑七郎搬兵一去不归，主帅潘洪定会记恨前仇，害死七郎以报打子的仇恨。日有所想，必然梦有所见。所以令公做梦的情节，还是合乎情理的。

至于后边杨令公碰碑前的苏武鬼魂点化一段，更是荒诞无稽。老的演法是：杨继业唱完【反二黄散板】中"寻一个避风所再作计较"后下场，接上苏武鬼魂交代台词："今日令公归位之期，不免在此点化于他，待我化一座庙宇，再化一座碑牌，再变一只老羊，远远望见令公来也！"这时杨继业再次上场，唱毕，见苏武鬼魂问："此处是什么所在？"苏武鬼魂道："此处是我庄，前山是两狼；虎口交牙峪，犯者一命亡。"再后鬼魂又念："老汉掐指算，今日死老羊！老羊啊老羊，你还不与我死！"这些台词显然是一种宿命论。及至杨令公碰碑前，还有这样的词句："看将起来，分明是神人指点于我……"如此演法、念法，

170 »

玉音响四方 李鸣盛

大大削弱了对杨老令公不屈不挠的刚强性格及面对艰难困苦而无计可施的复杂心理的塑造。因此我根据剧情的发展，处理成敌将韩延寿设下圈套，故意在苏武庙里放置李陵碑，并写下几行小字，忠奸混淆、是非颠倒。杨继业在精疲力竭、孤军无援的困境下，无路可走，只有进庙休息，进庙后观见碑上文字，又气又恼，最终他只有碰死碑下以身殉国。我把念白改为："看这碑碣上的言语，分明是敌人设下牢笼……"这就更符合老令公的身份，更深一步把他宁死不屈的英雄气概表现出来，使舞台上展现出一个无私无畏、百折不挠的忠臣形象。

至于对唱腔的修改，我采取慎重的态度。因为这是一出经过千锤百炼的优秀传统剧目，唱腔完整精练，无论谭、高、余、杨各派演出都有独到之处。各派源出于谭，唱腔上虽风格各异，但基本相同。所以，演出中尽量保持原有的精彩唱腔，只把词不切意的地方稍加改动。譬如在【反二黄】中有"王良臣与潘洪"一句，对于"王良臣"一词，京剧界曾有不少人反复考证，最终答案是史无其人，且又文理不通，有人将词改作"魍魉臣贼潘洪"，我认为合理，因"魍魉"二字原意是指鬼怪，这里杨令公愤恨地把奸佞潘洪称作鬼怪，也说明了老令公的嫉恶如仇。后边碰碑前杨继业唱的【反二黄散板】："当年保驾五台山，智空长老对我言，他道我两狼山前有大难，如今果应智空言。"这几句唱词带有浓厚的迷信色彩，完全背离了生活的真实，为此我把这四句改为："当年保驾五台山，杨家威名天下传；如今两狼遭围困，救兵不到突围难。"这样就与人物所处的规定情景吻合、贴切了，突出了孤军陷阵环境的典型性。

再有，为了更好地塑造好杨老令公这个人物，我在化妆造型上也有所改进。过去的杨继业是清水脸，有时还抹上点暗色，看上去异常凄惨

悲凉、失神绝望。我认为这不是一个久经沙场、威武不屈的老将军的精神面貌。后来我在该出戏中把脸部画得红润而有光泽，眼神矍铄，上场亮相时要显出杨继业年老而气不衰的气质神采。

《碰碑》之所以成为屡演不衰深为观众喜爱的剧目，还在于它的唱腔很有艺术魅力。这个戏的唱腔比较完整，尤其前面的【二黄导板】【回龙】转【快三眼】和后面的【反二黄慢板】【快三眼】【原板】【散板】都相当动听，十分感人。谭派唱这个戏，通过唱腔，突出表现了杨老令公的刚直不屈。高派唱这个戏，在唱腔上则表现了老令公的慷慨悲壮。杨派却以苍凉、悲愤的演唱，揭示了人物内心的忧、伤、爱、恨。我在唱法上基本承袭了余、杨两派的风格，又结合了自身条件加以融化。运用流派只是个艺术手段，而我认为唱腔主要是为塑造人物服务的，即艺谚所说"腔无情，不见人"。所以说唱腔再好也要有情，唱戏唱的就是情。譬如杨继业开始时唱的【二黄导板】"金乌坠玉兔升黄昏时候"，这是向观众通过唱腔交代了事件发生的时间，也是为主人公出场做好铺垫，所以演唱时要唱得饱满、凝重，音量要徐徐灌满剧场，即先声夺人把观众的注意力吸引过来。上场后接唱【回龙】"盼娇儿不由人珠泪双流，我的儿啊！"这句唱腔表现了杨老令公对七郎望眼欲穿的切切思念之情，骨肉间的生离死别最为撼人心肺。况且年迈的老将军身陷绝境，因此更增添了思子之忧伤，这句唱腔也要唱得悲凉。"我的儿啊"四个字，应如泣如诉，达到催人泪下的效果。后面接唱【二黄快三眼】属于一般陈述，要唱得真切，节奏平稳，当唱到"腹内饥身寒冷遍体飕飕"中的"飕飕"二字时，两字之后有一骤然停顿，然后再以凄婉的音调吐出（衬字）"哇"字拖腔，腔中运用几个微妙的擞音，显示人物的寒冷和伤感之情。剧中成套的大段【反二黄】唱腔，固然优美动

李鸣盛在《碰碑》中饰杨业

听，但也要求演员唱出情来，并且根据词意、情绪变化处理好字音的轻、重、缓、急，并且注意节奏的转换。唱腔还必须与表演和乐队琴师、鼓师密切合作，否则难以产生感染力。

《碰碑》虽然是个唱工戏，但在表演上难度很大，它集靠把、衰派老生为一体。靠把需要英武气概，衰派则要老弱的神态，演员在塑造这一形象时，必须将两者有机地结合好，既非英姿勃勃，因他毕竟已年迈；又非老态龙钟，因他到底是员武将，尚能征战沙场。这种特殊的身份，要通过表演、动作以及唱念体现出来。

说到身段动作，这出戏里也有不少优美的程式表演，揭示人物性格情感十分得当，表现力极强。程式动作属于基本功范畴，欢曲演员都从小经过专门的训练，如弹胡子、抖盔头、蹉步、抢背等都要功夫到家才行，如这些基本功不熟练，到了用的时候就很困难，胡子弹出来很乱，不在节奏当中，单纯的形式美都达不到，更谈不到用它来表现人物。再如盔头上的珠子，你抖不起来，或者是疾徐不匀地乱动，也是不符合要求的。所以熟练地掌握基本功是前提，然后才能谈如何运用。抖盔头在这个戏里有两处，一是在【反二黄】一场。杨继业上场后随着一阵"阴锣"，表示寒风吹过，老令公双手交叉胸前，盔头上的珠子簌簌颤抖，形象地表现出杨老令公在大雪纷飞之中，一阵寒风吹透征衣时的刺骨寒冷。这个动作主要在于后脖梗上的劲，用劲不能僵，内里使劲，外部要松弛，不能破坏面部的形象美。随着锣声，盔头上的均匀而有节奏地颤抖，发出轻轻的刷刷声，通过盔头的颤抖，反映出老令公的心也在颤抖。当唱到"东挡西杀左冲右堵，虎撞狼群被困在两狼山，内无粮，外无草，盼兵不到，眼见得我这老残生就难以还朝"时，在"难以"后面有一个弹胡子的动作，也是老生的基本功，这里主要是手的准确性，"啪"的一下，要让旁边的两缕胡子"蓬"起来，两手从中间一缕胡子的两边伸进去，又"啪"的一下再落到手上，再唱"还朝"两字。接唱"我的儿啊"时，随着行腔又有一串抖盔头动作，这些动作的含义，是他对几个儿子壮烈捐躯的悲痛和思念之情，前边表现人物的感受，后边表现人的心理，同样的程式，运用时就显示出不同的内容含义，所以在节奏尺寸上要十分准确，动作出来要美，否则，激情的表达就不能恰到好处。

下面是老军告诉老令公"雁来了"的一段戏，我是这样表演的：老

军在行弦中第一次念"雁来了！"我表现没有听见，因为老令公年老有些耳聋，再加上心绪烦乱想念儿子，思想不太集中。老军见状便凑近我的耳朵大声说"雁来了"，我听到后立刻表现出非常高兴，急忙擦擦眼睛寻找空中飞行的大雁，心想这下可以解决点饥饿问题，于是接过老军递过的弓。应该注意这是一张弹弓，不是箭弓，在表演上应有区别。接着老军把口袋中的弹子交给老令公。老令公接过弹丸，一边手里来回揉搓着，一边眯着一双昏花老眼观看空中飞雁，找到目标后，抬右腿向空中拉弓，不想竟弓折弦断。这段表演有虚有实，弓是实物，而弹丸则是通过虚拟表演表现的。所以在表演中，凡是细节地方都要认认真真做到家，否则稍一疏忽，动作不真实，就会破坏剧情。

这场戏杨继业唱完"寻一个避风所再作计较"这末一句，有一个"大刀花戳刀"的亮相。过去的演法是大刀花以后，把刀一戳就亮相。现在，我戳刀之后用了一个跐跄的滑步，然后把刀擎住，既表示人物年老气衰支撑不住的虚弱样子，又要有力度，显示老令公的英武威仪和英雄气概。亮相后再回头看一下大刀，这一眼要展露出老将军此时此刻深沉、悲愤、慨叹的复杂心理。正是这把大刀，曾伴随他南征北剿几十年，战绩辉煌，而今天却被敌军围困山中，变得英雄无用武之地了。亮相是悲壮的，造型要美，更要内涵丰富，预示悲剧性的结局，为下一场戏奠定基础。

最后一场"碰碑"是戏的核心，老的演法是用头一撞就倒地而亡。我现在的演出是在【哭批】曲牌中跪拜后随着"乱锤"的锣鼓，第一次以头撞碑，顺着被碑弹回的反作用力，一个抢背向台口甩出去，这个技巧的运用不仅很醒目，也更符合人物性格，较强烈地表现了老将军顽强不屈的精神面貌。由于人物面临心灵中的生与死的搏斗，思想斗争异

常激化，许多程式技巧的运用，都紧紧围绕着人物的发展。如老令公临死前的"豆眼"也是一种技巧，属于眼神训练方面的基本功。剧情发展到这里，一用"豆眼"就显得双眼发直，脸很沉，肌肉很僵的样子，最后终因流血过多而壮烈牺牲。生活中我曾有意识地注意过人濒死前眼睛发直的样子，表演时还要比生活更夸张一些。最后以抖胡子、抖手、看碑等一系列动作，表现杨继业在生死抉择时刻尖锐复杂的内心矛盾，最终完成对这位名垂千古的英雄形象的创造。由此可见，戏曲演员创造形象、刻画人物是以程式作为手段，如果缺乏坚实的功夫，掌握不好程式，便很难担起戏曲艺术创造的重担。严格的基本功训练和创造性地运用程式，体现了继承传统和改革创新之间的辩证关系，是我们戏曲演员为之不断探索和追求的目标。我个人在几十年的艺术实践中，自觉和不自觉地进行了努力，有成功的经验，也有失败的教训。我深感艺术道路是艰苦的，也是愉快的，我愿在有生之年不懈地探求下去。

（刘连伦、张克勤整理）

2

老树新枝话《杀家》

　　《打渔杀家》一名《庆顶珠》，又名《讨渔税》，最早是秦腔的优秀剧目，以后川剧、汉剧、蒲剧、豫剧、晋剧等地方剧种先后把它搬上舞台。这出戏出现在京剧舞台上，至少有一百多个年头了。昔日的老生泰斗谭鑫培先生就经常贴演这个戏。《打渔杀家》戏虽不大，却由于生、旦、净、丑行当齐全，唱、念、做、打面面俱到，场子安排比较紧凑，剧本对人物刻画栩栩如生，深受人们喜爱。在思想性方面，这个戏通过萧恩（据传是水泊梁山好汉阮氏弟兄中的某一位易名）父女不堪官府、豪绅的欺压，奋起反抗，表现了普通劳动人民敢于和恶势力进行坚决斗争的顽强精神，所以说，这是一出极富有人民性的好戏。这出戏的作者，还对萧恩父女之间的感情、萧恩与朋友间的友爱互助以及对以大教师为代表的狗仗人势的邪恶势力，进行了细腻传神的刻画。

　　一出《打渔杀家》从城市演到农村，从专业演到票友，在众多的京剧剧目中，就我所知，还没有哪一出戏比这个戏更为普及。在京剧老生这一行里，各个流派演出也颇具特色，谭派突出了萧恩的刚直，马派着力刻画了萧恩的豪爽、纯朴，而麒派侧重在表现萧恩的粗犷和嫉恶如仇。

20 世纪 80 年代的李鸣盛

　　为了使这出戏更加光彩夺目，百年来也不断有艺术家对这个戏进行加工修改。譬如仅化妆方面，王瑶卿先生就曾进行过改革。《打渔杀家》里萧桂英原来的扮相是头戴有穗的渔婆罩，披云肩（也有不用渔婆罩的，只在额头上插个面牌），这种装束稍嫌花哨，王先生便改为头戴小草帽圈，穿蓝布女茶衣。如此装扮，不但显示出萧桂英这个贫家少女的身份，而且也淡雅好看。尽管那个年代保守势力很强，但当王瑶卿与

李鸣盛、童芷苓主演《四郎探母》

谭鑫培合演此戏时，作为当时在艺坛德高望重的谭老板，对王瑶卿的改革也大为赞赏，致使这个扮相沿袭至今。再有在表演方面，麒派创始人周信芳先生演这个戏，便有很多细微之处与众不同。如逼税一场，大教师欲用锁链锁萧恩时，被萧恩一掌将锁链打落在地，踩在脚下。一般演法，大教师自以为得计地哄骗萧恩说："我说萧老头儿，你瞧见过稀稀罕儿没有，一个家雀两脑袋……"顺势推开萧恩取走锁链。传统演法，此时萧恩只有一个"哼"字。而周先生却把"哼"字改念做"拿了去吧！"这虽是一个小小的变动，却表现出萧恩对大教师等一群无能之辈不屑一顾、嗤之以鼻的鄙视心情。

下面说说我演《打渔杀家》这出戏。我演《打渔杀家》是从14岁开始的，从那以后，我先后跟毛世来、张君秋、王文娟、陈盛荪、杨荣环、尚小云等师友合作，在宁夏与我妹妹鸣燕及王志怡等人也曾上演此戏。开始演这个戏，我还是个初登艺坛的少年，那时候演戏谈不上体会角色，更谈不到创造，只是老师怎么教，我就怎么演，唱念不出纰漏，身段不出差错也就成了。我真正对这个戏有所理解，还是通过不断的舞台实践。原来我在台上演的是老生行当，并没有深刻理解萧恩这个人物的内心活动，当然，这也是为当时的年龄所限。稍大以后，慢慢领悟到，我扮演的这个角色，原来曾是一名很有反抗精神的渔民，又练就了一身好武艺，由于不堪封建朝廷的欺压，最后投奔梁山，成为了梁山好汉中的一员。但在《杀家》这出戏里，描写的是梁山被朝廷招安以后，梁山好汉落得死的死、散的散，萧恩孤掌难鸣，且已年迈，只有隐居渔村，与独生女儿桂英相依为命，惨淡度日。此时的他别无所求，只想把女儿抚养成人，自己安度晚年。因此在萧恩头场出场时，首先必须给观众留下这样一个印象：萧恩是个渔民，但并非一般的渔民。他有着身经百战、声名显赫的经历，老而不衰，精神矍铄。所以划船出场后，要显得老当益壮，脚下要矫健，动作要干净麻利。在唱完"桂英儿掌稳舵父把网撒"一句撒网拉网作气力不佳状时，不能表现得过于力衰。一方面的确年岁已大，另一方面也是他隐居后贫困交迫、心情遭受压抑的反映，否则后面倪荣有意要试试他的膂力如何，就不会反被萧恩轻易制服，倪荣也更念不出钦佩的"老英雄"这句台词了。

对表现萧恩从"讨税"到"杀家"也要有个明显的思想过程。我把这个戏分为起、承、转、合四个阶段：第一，讨税（起），从上场起，

见李俊、倪荣至收船下场。这一场表现萧恩迫于生计，忍气吞声地度日，在丁郎蛮横讨税时，他只是好言对付，请求宽限，当李俊、倪荣见丁郎纠缠不休，怒不可遏欲打抱不平时，他还从中劝解，突出了这位落魄老英雄的忍。第二，逼税（承），当丁府教师爷带领恶奴找上门来欲以武力相挟催逼渔税时，萧恩开始仍是强压怒火一再退让，不想教师爷误认为萧恩软弱可欺，竟倚仗人多欲将萧恩锁至丁府，萧恩无奈，被迫略展武艺，将教师爷教训了一番。这时他还是不想把事情闹大，甚至匆匆赶到官府，要抢个原告，求得官府主持公道。第三，受责（转），这场戏是以桂英焦急地盼望爹爹归来开始的，在桂英的一段【西皮原板】唱腔中，剧本同时安排了一段短短的幕后戏——萧恩被责打轰出公堂，这为他的思想发展注入了催化剂。豪绅的压榨，官府的欺侮，天下乌鸦一般黑的现状，再次点燃了他奋起反抗的怒火，萧恩决意杀掉仗势欺人的豪绅恶棍。所以，当萧恩挨打后在【乱锤】的锣鼓中抖髯上场时，应是怒不可遏，他的复仇情绪在这里推向高潮，这是全剧的重点场子。在这场戏里，萧恩做了义无反顾的选择，却与年幼无知的女儿产生了矛盾。女儿不愿意离家，又不敢过江杀人，使萧恩左右为难，这段反映父女之间感情的戏，是比较动人的。第四，杀家（合），这是全剧的煞尾戏，很干净，不拖泥带水，至于有人后边接演收监、投亲、法场、团圆，那就是全部《庆顶珠》了。

我以前演这出戏，基本上遵循老的演法，个别唱念大同小异，并无大的突破。在1985年上海举行的南北京剧艺术家合作盛会上，我与童芷苓演出这个戏，才有了比较明显的改动，尤其是"杀家"前的一场戏。这年下半年，一天我接到芷苓从上海的来信，她邀请我与她一起到武汉进行教学演出，因我的祖籍就在湖北，无形中就使我对去武汉产生

《打渔杀家》中李鸣盛、童芷苓分别饰萧恩与萧桂英

了兴趣。另外，那里还有我的学生罗会明（湖北省京剧院演员），教学演出义不容辞，我当即回信表示同意。过了几天，中国唱片公司上海分公司、上海电视台、上海音像公司、上海人民广播电台、上海市演出公司五家联合将在上海举行南北京剧表演艺术家交流演出，又派人来邀请我参加，盛情难却，我也答应了。不久，童芷苓来北京参加纪念荀慧生先生的一个活动，抽时间我们便一块儿商量一起合作的剧目，其中就有《打渔杀家》这出戏，阵容也初步定了下来，角色是我饰萧恩，芷苓饰萧桂英，著名丑角孙正阳饰教师爷，由名鼓师高明亮司鼓，操琴为查长生和魏国勇，他俩一个是梅派专家，一个是杨宝忠先生的得意高足。

《杀家》这出戏，我和芷苓各自都演了几十年，可以说是驾轻就熟，但考虑到时代在不断前进，作为我们从事京剧艺术工作的，也不能原地踏步、停滞不前，要用今天的思想水平把戏往深里开掘。芷苓历来以善于革新创造而著称，为此，在她的提议下，我们围绕"杀家"前后的戏，进行了较大的改动和加工。老的"杀家"前这场戏里，写出了萧恩的嫉恶如仇和不堪受辱的刚直性格，也写出了桂英这个女孩子天真、幼稚而思想多变的内心活动，并刻画了萧恩与女儿面对杀人的情绪变化及父女间生死离别的骨肉之情。尽管如此，我们通过常年演出都有同感，认为老本对上述情节渲染不够，对桂英这个人物尚欠更细腻的雕琢，只是一味地表现她的胆小、幼稚，从而也影响了对萧恩的反衬。我们演出中，除尽量保留原本的精华外，还特为桂英和萧恩增加了几个唱段，以期更细腻地表达这父女俩的思想感情。如萧恩到官府去抢个原告，不想反被县令责打轰下公堂，回到家后向女儿陈述被打经过，这里给桂英设计了一段八句的【西皮流水】唱腔，词意是：桂英见爹爹被赃官责打，顿时产生了对赃官、豪绅狼狈为奸的无比愤恨，以此取代了老演出本中那两句很一般化的【散板】水词，这充分表现了桂英的爱与憎。后面，当桂英听说父亲不堪忍辱要过江杀人时，安排萧恩下场收拾东西，只留桂英一人在场上，为她加了一段独自沉吟的【西皮散板】转【流水】，唱词是：

　　　　老爹爹平日里百般容忍，
　　　　今日里受欺辱他实难吞声。
　　　　他定要过江去报仇雪恨，
　　　　怕只怕，怕只身难敌那狼一群。

倘若是有差错步入险境，

那时节插双翅也难飞腾。

眼看他凶多吉少我乱了方寸，

我定要拖住爹爹不放他行。

　　这段唱词的增添，旨在揭示桂英为何后面一再劝解爹爹不要过江杀人的内心活动。这个水泊英雄的后代，绝非一般大门不出二门不迈的闺阁少女，她此时所想的只有一个——疼爱爹爹，恐怕过江杀人，丁府人多势众，弄不好此去凶多吉少，这就是她"定要拖住爹爹不放他行"的根本原因。女儿一再央求劝阻爹爹："还是不去的好……忍耐了吧……"而萧恩却执意不肯，甚至训斥女儿："不用你管！"这表现出他性格的执拗和倔强，也显示出他具有强烈反抗精神的英雄本色。在过江杀人的问题上，虽然萧恩对女儿的语气里有气、嗔、叹、怨，但这一切无不是体现着一种特有的父爱。萧恩过江杀人，绝不是一时意气用事，而是他怒火燃胸的迸发。他既要杀人，就不能不想到后果，他也十分清楚如遇不测，这将成为父女的诀别，所以才嘱咐桂英把庆顶珠带在身旁，以便到时逃往婆家去。由于我和芷苓在表演上作了较为细腻的处理，演出时使萧恩父女的关系在这一场里愈加亲密感人，大大增加了这出戏的悲剧气氛，进一步激起观众对丁员外之流的愤恨和对作为劳动人民代表的萧恩父女的深切同情。在这场戏的后半部，我们也适当进行了改动，如桂英在行船中突然撒了篷索，先是推说："今晚风浪甚大，行船多有危险。"后又天真地问爹爹："此番过江杀人，是真的还是假的呀？"萧恩当即答道："杀人，还有什么假的吗？"桂英听后立刻声音颤抖："啊，孩儿我心中害怕，我，我不

184 »

玉音响四方　李鸣盛

去了！"这一系列的表现，真实生动地勾勒出这个渔家少女幼稚、柔弱、多变的心理状态，所以弄得萧恩又气又急又难过。而萧恩准备拨转船头送女儿回去时，桂英却又情不自禁地道出了"女儿舍不得爹爹你呀！"萧恩看着这个天真可爱的女儿，心都快碎了，于是他以极为悲怆的情绪唱出了"桂英，我的儿啊！"这个【哭头】。这句以后，再转【凤点头】锣鼓，接唱四句新编的【西皮散板】：

> 父本是一豪杰非同懦弱，
>
> 难道说受欺压任凭折磨。
>
> 过江去杀贼子为民除祸，
>
> 站着死胜过那跪着求和。

这几句唱腔要唱得真挚、深切，唱出萧恩宁死不屈的英雄气概，以打动和告诫这个不明事理的"傻孩子"。并让她知道过江杀人，不单单是报个人之仇，更重要的是为民除害。桂英经父亲一番训教，终于理解了父亲，也增加了勇气，这才下定决心，接着唱出"父是英雄儿也不差，愿随爹爹把贼杀"，这样，人物心理发展就有了层次，避免了老本中对这段情节匆匆带过的简单化。对于"杀家"一场的开打，我们也请了王金璐帮助重新设计，不仅表现了萧恩的报仇心切和武艺高强，并把桂英在开打中刀劈教师爷改为她在慌乱中，因失手而将其杀死，以至见状吓得瘫倒在地，被萧恩扶起，父女俩走跪步下场。由此，表现了桂英初次杀人的胆怯。除此，在表演方面，如萧恩父女几次上船、下船的动作，我们也根据不同的时间、不同的情节进行了不同的处理，配合相当默契。我们在塑造剧中人物的同时，也将京剧优美的程式舞蹈动作与生

活真实紧密结合在一起，让观众通过这出戏，能从唱腔、念白、舞蹈及武打等多方面欣赏到京剧艺术独特的美。

《打渔杀家》流传很广，是几乎老少皆知的传统剧目。这次我与童芷苓对这个戏的改动是比较大比较明显的。虽然有如此大的修改，还是得到了内外行的认可，不论在南北京剧表演艺术家交流演出盛会上，还是在武汉教学演出中，这个戏在观众强烈要求下一演再演。由此可见，传统戏不是不能改，而是如何去改。对于传统戏我认为要根据时代要求去改，要根据剧情发展去改，一切为塑造人物、刻画人物服务。戏要改得更加合理，改得更加细腻感人，如果一味地为改而改，就失去了改戏的意义。

当然，艺无止境，随着时代的步伐，我们对这个戏还应不断地加工提高，使它更臻完美。

（刘连伦整理）

3

谈谈学习杨派艺术

近几年，我经常参加一些演出，也多次到院校进行讲课等活动。在与广大京剧爱好者接触中，不少人向我提出如何学习杨（宝森）派艺术及如何继承流派的问题。为此，我将自己数十年来学习杨派艺术的点滴心得付诸笔端，与同行及广大京剧爱好者共同切磋。

一、杨派的产生及其特点

上个世纪 40 年代初，身体欠佳的杨宝森先生准备登台演出，由其堂兄杨宝忠先生出面，请我父亲李华亭为他组班。我父亲与杨宝忠先生曾同在马连良先生的扶风社共事，交情甚好，于是他出面四处奔走，邀请了不少名角。如老旦李多奎、名丑马富禄、老生张春彦，以及脱颖而出的刚由中华戏曲职业专科学校毕业的、青年旦角侯玉兰等，组成了宝华社。

杨宝森有了自己的班社，我父亲开始与他共同筹策演出剧目。因为当时北京前门一带戏园甚多，京剧名家轮流在这里演出拿手剧目。马连

李鸣盛在《鱼肠剑》中饰伍子胥

良先生、谭富英先生的班社，阵容整齐，剧目丰富，所以无论在哪个剧场演出都是座无虚席。而宝华社是新组建的，与马连良等人的班社竞争，相当困难。虽然在我父亲的努力下，阵容配备较为齐整，但重点要在剧目上下功夫。杨宝森素有小余叔岩之称，他上演的大部分是余派剧目，而这些剧目，杨宝森已根据自身的条件进行了发展，基本上形成了以余派为基础的杨派风格，只是由于不经常演出，这一风格还没被广大观众熟悉、接受。经我父亲和杨宝森精心研究后，在广德楼剧场进行了首场演出，剧目是《四郎探母》，且一炮打响。随后，就每星期演两三场。为了扩大影响，使观众接受杨派的表演风格，宝华社便争取多

演出，多演拿手剧目，多在有影响的剧场里演，多在上座好的日子里演，甚至在不太景气的星期一、二加演。就这样，喜爱宝华社演出的观众愈来愈多，观众对杨宝森的拿手剧目，如全部《杨家将》《伍子胥》《失·空·斩》等逐渐了解并给予了高度评价和充分肯定。由此，杨派艺术风格得到了公认。

杨宝森先生原来是优秀余派传人，但他在向余派学习过程中，没有生搬硬套，而是根据自身条件加以充实消化。譬如唱腔，余叔岩先生在艺术黄金时期，有着很好的立音，力度强，刚劲挺拔，酣畅淋漓。而杨宝森中音区较好，嗓音宽厚，与余对比，缺乏力度，所以杨先生以深沉、稳练、含蓄、抒情去表现人物，唱起来委婉，耐人寻味。他在舞台上以深沉隽永的唱念去刻画人物，如《碰碑》中的杨令公、《文昭关》的伍子胥、《失·空·斩》中的诸葛亮等人物表现的内心活动，给观众留下的印象相当深刻。在唱腔处理上，杨先生扬长避短，充分发挥他中音区较好的优势，不强求高音、力度，把余先生的高腔变为滑音或平腔，以免有损音乐形象。他还非常重视【散板】【摇板】的处理，这是一般人经常忽略的。杨先生认为，【散板】【摇板】长于抒发人物感情，因此，他处理得相当认真。如在《失·空·斩》中诸葛亮所唱的【西皮摇板】"我用兵数十年"一段，听起来不受尺寸限制，但又在尺寸之中，充分发挥他"有尺寸不能量，有分量不能称"的特点。在紧打慢唱的节奏中，充分抒发了诸葛亮在万般无奈的情况下，铤而走险的复杂心情。

杨先生在唱念中对于字的处理，非常考究，每个字的字头、字腹、字尾都处理得清晰可辨，既保持情真字正，又富有音乐感。他的唱似念，念似唱，音乐感、韵律性都很强，如念定场诗、上下场对儿，或打引子，虽是念，却似唱一样悦耳、感人。而像《四郎探母》《斩马谡》

3 谈谈学习杨派艺术

中的【西皮快板】演唱，字字斩钉截铁，虽是唱又似念，不论节奏快慢，都能清清楚楚传入观众耳际。

杨先生平日用嗓子也有一定的科学性。他安排吊嗓子基本在夜里一点钟左右，每次都是先调二黄，后调西皮。如开始总是先唱《马鞍山》里的【二黄原板】"老眼昏花路难行"。这段唱腔看似平淡无奇，但此中的唱词却包含辙口较多，既可锻炼每个辙口的发音，又可缓缓地舒展嗓子。随后便是《八大锤》的【二黄原板】、《桑园寄子》的几个二黄主要唱段，及一些戏的【摇板】【散板】，以锻炼气力。最后正当筋疲力尽时，再以吃功的《法门寺》中【西皮慢板】结束。正因为杨先生平日吊嗓子采取循序渐进、先简后繁的方法，所以在正式演出时，得以演唱自如，游刃有余。

杨宝森先生虽然宗余，但并不拘泥一家，他是同时吸取众人之长，其中《文昭关》主要是在汪派（以王凤卿先生为代表）、言派基础上唱起来的。例如杨先生在晚期灌制的《文昭关》唱片中演唱【二黄慢板】"愁人心中似箭穿"一句的"穿"字，便是脱胎于汪腔，只是去掉了汪派特有的颤音，仍保持杨派沉稳的风格。再如《法门寺》中【西皮慢板】"郿邬县在马上"的"马上"二字，即吸收了言派唱腔，尤其"上"字，采取装饰音，也明显突出了言派特点，既适合杨先生嗓音，又符合当时人物情绪。

一个流派的形成，光靠演员单枪匹马是不成的，必须是演员、鼓师、琴师三位一体。如同马派离不开杨宝忠、李慕良先生，裘派离不开汪本贞先生。杨宝森形成杨派，也倚仗了著名鼓师杭子和与杨宝忠先生。杭子和为余叔岩打鼓三十余年，杨宝忠原未操琴之前就是余叔岩先生的得意弟子，对余派颇有研究。三人精于余派，又能结合杨宝森本人

李鸣盛在撰写艺术心得

特点，所以合作起来珠联璧合，相得益彰。就以《鱼肠剑》中【反西皮散板】唱段为例，其中"父母冤，不能报"一句，当杨宝森唱到"不能"二字时戛然止住，这时杭子和在此下了几个干净有力的"重楗"，随之，杨宝忠抖起琴弦，慢慢引出杨先生那既怨又恨的"报"字。"报"字行腔才罢，杨先生扮演的伍子胥又似陷入呜咽之中，声音哽塞，杨宝忠就在瞬间无声状态中，用胡琴垫了几个急速利落的乐音，杨宝森这才

以凄厉的声音唱出【哭头】"爹——娘啊",如泣如诉,催人泪下,每每到此掌声雷动。由此看来,演员、鼓师、琴师互帮互衬,并在既合又分的情况下充分发挥各自精湛技艺,才能取得这种强烈的艺术效果。

二、我如何学习杨派艺术

我12岁开始学戏,13岁登台演出。父亲为了全面培养我,没让我进科班,也没给我找老师当手把徒弟,而是专门给我请老师到家里来教戏。当时,我父亲一方面凭借自己在戏班里的关系,一方面重金聘请了不少名师给我说戏。我的启蒙老师是范儒林,随之又请了张连福、沙世鑫、蔡荣桂、刘盛通等。因此我学习的基础是以学余派为主,兼学马派、谭派。为了提高我的表演能力,又特地请来了富连成科班六大弟子之一的雷喜福先生;为练好武功,请来了沈富贵先生;为了学好《定军山》中黄忠的大刀下场和《珠帘寨》的对刀,特地请来了享有"大刀宋"美称的宋富亭先生;为了耍好《翠屏山》中石秀的单刀,又请来了这方面很出名的费世威先生。当时,真感觉太紧张了。这个老师刚走,那个老师又来了。有时,吃一顿饭,都得分几次。幸亏那时年纪小,记忆力好,领会能力强,又加上我特别喜欢这一行,否则早就打退堂鼓了。不过,我的毅力也就从此锻炼出来了。

17岁那年,有一次我和毛世来合演《辕门斩子》,我扮演杨延昭。这场演出,我嗓子显得格外高亢、响亮、痛快,博得满场喝彩。可万万没有想到,睡了一宿,第二天突然说不出话了,从此,就开始了我的变声期。在这期间,我只得少演戏,多看戏,以等待嗓音恢复。在我18

岁左右，宝华社成立了，因我父亲是该社社长，所以我观赏杨先生的演出有优越条件。我当时是场场不落，风雨无阻。看完戏后就细心琢磨，回家躺在被窝里还小声哼哼着听过的戏中唱腔。一天到晚是曲不离口，一招一式地模仿，使我的戏渐渐"杨化"。

只因在变嗓这阶段，我嗓音不好，同时也看到，杨先生嗓音虽然欠佳，却韵味十足，并能将音量灌满全场。在演唱中以情夺人，很有艺术魅力。在某种程度上，我和杨先生很相似，因此，就诱发我学习杨派的欲望。我成了杨派的崇拜者。父亲见我迷恋杨派，模仿得又很像，便把经常给杨先生吊嗓子的琴师李长清先生、朱家夔先生等请来给我吊嗓子。李长清先生多年为杨先生吊嗓子，熟悉杨派唱法，对我的吊嗓子也是个有利条件。此后，在李长清的指导下，使我对杨派的唱腔有了进一步提高。后来恰逢杨宝森先生要买房，我父亲为了给我创造学习条件，便将宣武门外麻线胡同我家的前院让给了他。杨先生住在前院，每当他吊嗓子我都去偷听、偷学，又使我对杨派的学习进了一大步。

经过一个较长时间的学习、钻研，我的嗓音开始好转，又重新活跃在舞台上。这时上演的剧目基本以杨派戏为主，并且还经常到广播电台清唱。这样一来，我便在观众中有了杨派老生的美誉。实际上，在学习杨派艺术上，我只是个私淑者。

无论哪个学习流派者，开始时，都会照猫画虎，刻意照搬。我当时也是如此。杨先生怎么演，我就怎么演。随着时间的流逝，在实践过程中，我艺术上开始成熟，提高了自己的鉴赏能力，对演出的每一个剧目，逐步进行分析。当我嗓音彻底恢复后，在唱腔上又进行了适当调整。此时，我又结识了造诣很深的陈鸿寿先生，他对我的艺术发展起了很重要作用。陈先生曾为名老生王少楼操琴说戏。此人精通音韵，对吐

《捉放曹》中杨宝森（左）饰陈宫、王泉奎饰曹操

字发音颇有研究。他给我说戏也很严格，仅向他学《战太平》中的【二黄导板】"头戴着紫金盔齐眉盖顶"一句，就用了整整三个月。陈先生不死教，而是对吐字归音及如何行腔，在理论上详细讲解，并且以剖析余派唱法为基础。一个【导板】学习三个月，那时我并不理解，反而觉得厌烦。直到后来才明白，只有这样，才能功底扎实，才能在唱腔上运用自如、得心应手。杨本宗余，如今，从理论到实践先突破余的唱念一关，再回头学杨，也就较为容易了。当年杨宝森学余，在余的基础上结合自身条件发展成杨派。我学习杨派，在继承、消化的基础上，结合自身条件给杨派艺术赋予新的生命，使之发扬光大。任何艺术的生命力，都在于发展、充实、提高，只有如此才能更好地展示自己的长处，使自己的艺术得以升华。鉴于杨宝森先生嗓音条件的局限，有些唱腔作了中低音处理。如《斩马谡》中诸葛亮见王平时的【西皮小导板】"怒在心头难消恨"一句的"恨"字，杨用平而略扬的小腔。而我为了体现此时此刻诸葛亮因失街亭，对马谡、王平怒不可遏的心情，我在唱"消"字时，使腔略向高扬，待"恨"字出口，一个激越的高冲，把人物内在的情绪，倾泻出来。再如《文昭关》中"大胆且向虎山行"一句，"大胆"二字，一般也是用平腔一带而过。我分析伍子胥这个人物此刻的心情应该是激动而

信心百倍。听说东皋公、皇甫讷已为自己设置好混出昭关的计策，作为武将出身的伍子胥，要显出刚毅、勇武的性格和誓死闯昭关报仇雪恨的决心。故此，我唱"大胆"二字时，有意先将"大"字拖长作好铺垫，然后把"胆"字高高翻起，唱成铿锵有力的【嘎调】。这样，既刻画了人物的内心世界，又使唱腔艺术得到了很好的渲染。韵味遵循了杨派风格，力度和气势上又充分发挥了我的余派功底，表演和人物塑造上我又做了创新，使现代观众也易接受。

学流派不是演员的最高目的，流派只能为塑造人物服务，不能本末倒置，使人物为流派服务。舞台上要唱人，不能光唱流派。因此，光死学一种流派并不能全面完成众多人物的塑造。所以，我在学习流派过程中，虽以杨派、余派为主，但也兼演其他流派的戏，多方面丰富自己。我唱《龙凤呈祥》《借东风》竭力突出马派风格，唱《战太平》就充分发挥余派、谭派特点。如果创作或发展新剧目，就更要扬己之长，努力展示自己的艺术风格。我主演的《打登州》《宋江题诗》等剧目就是这个原则。

在继承流派时，力戒不消化的机械模仿，甚至把流派某些人的不足之处，也误认为是特点来学。如杨宝森有胸疾，起叫头时，右手难抬起，一些人也照做不误；有些青年人为了酷似晚期杨派，本来嗓音很好，也要压成低音，反而弄巧成拙，限制了自己的表演水平。因此，学习不可盲目，要先有鉴别，再有继承，在继承的基础上，还要有大胆的革新、创造。

（刘连伦整理）

4

漫话《失·空·斩》

　　诸葛亮这个人物，千百年来在神州大地可以说是家喻户晓、有口皆碑。从古到今，上至帝王将相，下至黎民百姓，无不景仰、爱戴这位三国时期蜀国的一代贤相。诸葛亮字孔明，东汉灵帝光和四年（181 年）出生在徐州琅邪郡阳都（今山东沂南县）一个门第不高的官僚地主家庭里。他 27 岁那年被刘备三顾茅庐请出隆中，直到 54 岁（234 年）因心力交瘁、积劳成疾，病逝于伐魏前线的五丈原（今陕西岐山县）军中。27 年里，先后辅佐刘备、刘禅父子两代，半世操劳，南征北剿，为刘氏立下了卓越的功勋。以后又帮助刘氏坐天下，建立蜀国政权，称得上忠心赤胆、兢兢业业、恪守其职，毕生为实现统一大业呕心沥血，做到了鞠躬尽瘁、死而后已。诸葛亮博古通今、足智多谋、才能超群，是中国封建社会中出类拔萃的军事家、政治家和外交家。

　　诸葛亮一生克己奉公、审思慎行、谦虚大度，对后世影响很大。对于这个历史人物，西晋史学家陈寿在他所著的《三国志》中有较为详细的记述。后来罗贯中又在史书及民间传说等基础上，写成了长篇小说《三国志通俗演义》（简称《三国演义》），浓墨重彩地塑造了诸葛亮这个典型的艺术形象。另外，在宋、金、元三代，三国的故事还进入了剧场，

登上了舞台，其中以诸葛亮为主角的戏就有《诸葛亮火烧博望》《赤壁大战》《五丈原》等。京剧诞生后，描写三国故事的剧目也为数不少。

京剧舞台上的三国戏，主要依据了小说《三国演义》。《三国演义》既是演义小说，就要进行虚构、夸张等艺术加工，使人物更加生动，情节更加曲折。小说在作者笔下，使一大批史有其人的人物跃然纸上、栩栩如生，像诸葛亮、刘备、曹操、关羽、周瑜……都给读者留下了深刻印象。而在众多人物中，尤以诸葛亮这个艺术形象和有关他的故事最为动人。作者在塑造这个人物的过程中，不仅调动一切艺术手段设置一系列富有戏剧性的情节对诸葛亮进行美化，甚至在某种程度上，将他和关羽一样加以神化。

京剧的三国戏不仅承袭了小说的原有风貌，还结合戏曲特点，通过艺人们进一步发挥创造，使诸葛亮这个人物更加形象化。"同光名伶十三绝"画卷里的老生艺人卢胜奎，就以擅演诸葛亮而著称，被誉为"活孔明"。这位前辈艺术家还擅长编剧，曾为其所在的三庆班编演了大量的三国戏，如36本连台本戏《三国志》，从刘备马跳檀溪开始到取南郡止。有关诸葛亮的戏也很多，其中包括《失街亭》《空城计》《斩马谡》等。

《失街亭》《斩马谡》史有其事，据陈寿编纂的《三国志·诸葛亮传》记载，诸葛亮于建兴六年（228 年），北伐收姜维以后，陇西三郡也纷纷投降，为此关中大为震动。魏明帝曹睿闻知亲临长安坐镇，并命令右将军张郃堵截蜀军。诸葛亮派参军马谡督率各军在前，与张郃战于街亭（今甘肃秦安县东北），以裨将王平为副将协同前往。而马谡违背诸葛亮战略部署，举动失当，被张郃打得大败，街亭失守，致使诸葛亮败退于汉中，并无奈将这位年仅 39 岁的将军斩首。

李鸣盛（右）1983 年主演《空城计》

　　至于舞台上屡演不衰的《空城计》，却史无其事，是罗贯中根据《三国志》中有关赵云与曹操交战的史事编造。赵云与曹操在汉中交战失利，退至军营，又被曹军围困，赵云情急生智，大开营门，使用空营计。曹操见状，疑赵云设有伏兵，为此下令退兵，赵云乘势追击，杀得曹兵大败而逃。罗贯中为了突出诸葛亮的形象，把赵云使过的空营计改成诸葛亮使用空城计，而且把故事安排在"失街亭"之后。对于街亭之战，史书上说诸葛亮交锋的对手除张郃之外，主要的还是魏国大将曹真，并非老谋深算的司马懿。街亭之战的时候，司马懿正驻守南阳，统督荆州、豫州一带的军务，既没有和诸葛亮对阵，更不曾到过街亭。小说作者之所以在《三国演义》第 95 回"马谡拒谏失街亭，武侯弹琴退

仲达"里，移花接木将与诸葛亮交战的对手曹真改为司马懿，其用意无非因为司马懿比曹真本事大，影响大，智慧才能与诸葛亮对比不相上下，把他作为与诸葛亮斗智交锋的敌帅，才显得棋逢对手。有了司马懿的反衬，诸葛亮的形象才显得更加光彩夺目。

今天舞台上流行的《失·空·斩》一剧，与当年三庆班所演状况已有很大出入。李洪春先生在《京剧长谈》一书中介绍说，现在舞台上的演出本，是经过谭派老生创始人谭鑫培先生改革、创新了的。有关改革、创新的情况，现略引原文如下：

第一，改人物。连台本是派高翔镇守列柳城，派魏延去街亭之后屯扎，赵云、邓芝伏兵于箕谷道中。在马谡、王平失守街亭之后，有魏延、王平、高翔复夺街亭的戏。后面还有赵云斩魏将苏颙、万政的戏。这样人物多、头绪杂，分散了诸葛亮的戏，不能突出空城斗智、挥泪斩谡的精彩场次。谭老板把高翔去掉，换上名气大的赵云镇守列柳城，他既不丢失列柳城，也不复夺西城，更不斩将显威风，而是让他一报名就把司马懿吓跑了，更显他虎老雄心在，比斩将威风多了。赵云一改，当然魏延、邓芝等也就无须上场了。这样，诸葛亮手下就是赵云、马岱、王平、马谡上场，各有专职，人物精简，戏也就精炼了。

第二，改引子。连台本诸葛亮上场时念的是"大引子"，词是这样："掌握兵权，扫狼烟，全统归汉。"谭鑫培认为连台这样念可以，有前后呼应。若单演《失·空·斩》念"大引子"就显得小气了。他就把《战北原》（《斩郑文》）的"虎头引子"移用到这里来，就显得气派大多了。因为"大引子"是单的，"虎头引子"是双的。这就是我们现在所念的："羽扇纶巾，四轮车，快似风云；阴阳反掌，定乾坤，保汉家，两代贤臣。"

第三，改唱词。连台本《失街亭》中，诸葛亮对马谡唱完【原板】后，马谡接四句【原板】，诸葛亮再唱一大段"马将军素日韬略有，文武全才马参谋"的【慢流水板】。马谡接四句【散板】下，诸葛亮再唱四句【散板】而后下场。谭鑫培认为这样不紧凑，同时【慢流水】与城楼上【二六】重复，就改为唱完【原板】后马谡接四句【摇板】下，再唱四句【摇板】下场。而且把这段内容改在后帐而不在大帐进行。这就显得诸葛亮与马谡除将帅关系外，还有一层至友的关系。所以在派将之后，有个"转堂"，转到内室中，叮嘱他不可大意。因为前边马谡有自夸其才的大话："末将跟随丞相平蛮多年（不应是多年，应是一年），攻无不取，战无不胜，何况那小小的街亭！"后来余叔岩演出时，就不转堂，直接在大帐中叮嘱。余叔岩认为这样紧凑。同时马谡也不念"平蛮多年"，而念"从军多年"。侯喜瑞就是这样念的。

在《空城计》中，原来是诸葛亮在【长锤】中上场唱"想当年在隆中逍遥散荡"【西皮原板】的。谭鑫培认为这与城楼上的"我本是卧龙岗散淡的人"相重复，前边唱了后边再唱就乏味了。遂舍去不唱，改成念"兵扎祁山地，要擒司马懿"的对儿。这就不显重复了。

由于谭鑫培参考《失·空·斩》一剧的改革、创新，使这出戏成为谭派名剧，自谭以后的各期名老生多以谭派标榜上演此剧。因此唱腔、念白、身段基本上都按谭派的路子演，虽然以后的前四大须生余、高、言、马，或后四大须生马、谭、奚、杨，在演出这个戏时风格各异，但万变未离其宗。

我从 13 岁起就开始学演这出戏，至今仍时有演出，也就是说我在舞台上已和诸葛亮这个艺术形象交往了半个世纪。对于如何塑造这位名垂史册的一代贤相，我既追求达到形似（史书中的形象），又刻意做到

神似。据史学家陈寿在给晋武帝的《诸葛亮集表》中称诸葛亮"少有逸群之才，英霸之器，身长八尺，容貌甚伟，时人异焉"。看来历史上的诸葛亮本身就相貌堂堂、仪表出众。清人绘制的诸葛亮画像和四川成都武侯祠的塑像，也都表现了诸葛亮那气宇高雅、满腹经纶、可亲可敬的非凡气质。由于我身材、相貌等条件都比较优越，扮演这个人物就易为观众所接受。但是演员在舞台上最主要则是要通过自己的表演，去塑造一个又一个有血有肉的人物，要刻画出他们鲜明的性格和复杂真实的内心活动。

我演《失·空·斩》把全剧分为四个单元，即诸葛亮在全剧中每次出场作为一个单元，如《失街亭》的"坐帐"。这场戏好比是全剧之根，看上去好像诸葛亮的台词不多，唱腔只有一段普普通通的【西皮原板】和四句【西皮摇板】，但这简洁的布局，却很快把观众带入一场激烈的斗争之中。诸葛亮的上场，已由前边的龙套和王平、马岱、赵云、马谡四人的"起霸"，作了很好的铺垫和渲染，这时这位汉丞相才在"一锤锣"中缓缓出场。诸葛亮上场要步履沉稳、大方，表情庄重、肃穆，要有统领千军万马、运筹帷幄的军事家、政治家的风度，不能随意乱做动作。譬如抖袖，一般戏的抖袖大多用于叫板、开唱时，而诸葛亮在《失·空·斩》中只用三次。第一次则是上场后念完"虎头引子"，在【水龙吟合头】的乐曲中抖一次，这水袖要抖得稳重、有气魄，以示汉丞相的威严。第二次是《空城计》中的上场时，走到台口一抖袖，这水袖要抖得潇洒、自然，显示诸葛亮胸有成竹、胜利在握。第三次是《斩马谡》迎送赵云下场，准备处理军务时，在【工尺上】曲牌中抖袖，这抖袖表达了诸葛亮内心的愤怒。

再说诸葛亮上场后，走到台口念"引子"。这"引子"风格别具。

《斩马谡》中李鸣盛（左一）饰诸葛亮

前边的"羽扇纶巾，四轮车，快似风云"一句，要徐徐而出，不快不慌。念后边"阴阳反掌定乾坤"一句，要有一种自豪感。"保汉家，两代贤臣"一句，是诸葛亮的自诩，更要吟唱得高亢、铿锵有力，"贤臣"二字，则念得深沉，有分量，以显示出这位武乡侯的非凡身份。定场诗和独白，必须字字清晰，让观众通过这简短的台词，了解剧情是由此而展开。当诸葛亮对众将念"哪位将军愿去镇守街亭，敢当此任"时，一般演法，诸葛亮或是对众将用目光草草一扫，或是稳坐不动。而我在念完这句时，目光却落到了赵云身上。我这样表演的依据是诸葛亮深知街亭这重要，必须差一能将防守，而众将中唯有赵云有勇有谋，是个常胜

将军，所以赵云是防守街亭最合适的人选。诸葛亮看赵云的目的，是希望赵云能够接令，可不想就在这沉思的片刻，身为参谋的马谡却抢在了前面。

马谡并非百无一能的草包，他幼读兵书，通晓战法，诸葛亮南征时，他就曾建议"用兵之道在于攻心为上，攻城为下，心战为上，兵战为下……愿早服南人之心，以收长治久安之效"。诸葛亮对这个建议非常赞同，立即采纳，并作为"平南之策"。后来用其计七擒七纵，把孟获降服。另外，诸葛亮与马谡的关系也比较亲近，由于马谡任参军之职，终日不离主帅左右，所以诸葛亮对他相当器重，二人谈论军机又十分合拍，有时通宵达旦，其亲密程度，如马谡在临刑前给诸葛亮的信中所说："明公视谡犹子，谡视明公犹父。"鉴于上述两种因素，诸葛亮考虑，既然赵云未能自讨将令，若把防守街亭的重任交付马谡也未尝不可。但想到敌方主帅乃是老谋深算的司马懿，诸葛亮又不能不强调一下："那司马懿虽然年迈，用兵如神，此非小任，你不可轻敌！"

丞相的提醒并未引起马谡的重视，他却满不在乎地答道："末将跟随丞相平蛮多年，攻无不取，战无不胜，何况那小小的街亭！"

"街亭虽小，干系甚重啊！"诸葛亮双目直视马谡，郑重其事地告诫马谡。

马谡：（似乎稳操胜券）倘有疏虞，甘当军令！

诸葛亮：军无戏言（态度严肃而诚恳，潜台词为"这可不是开玩笑，你再认真考虑考虑"）。

马谡：（决心已定）愿立军令状。

诸葛亮：（看马谡蛮有把握，又想到他的才干和对他平日的好感，稍作思考后便点头同意了）好，当帐立来。

马谡立下军令状，诸葛亮并不认为已万无一失，为此他对赵云、马岱都作了差遣，并告诉王平："到了街亭，必须靠山近水，安营扎寨，安营之后，将山势营盘，画成图形，送老夫一观。"诸葛亮这一部署，出于他历来的谨慎，一旦出现问题，也好做亡羊补牢的准备，这几句台词，也给后面的《空城计》埋下了伏线。

　　遣将完毕，复传马谡进帐，这里诸葛亮唱了一段【西皮原板】"两国交锋龙虎斗"。这六句【原板】没有花腔，很普通，但演员在演唱这一段时，要唱得深沉，要表现出主帅对部将、长者对后生语重心长地再三叮嘱。当唱到末一句"靠山近水把营收"时，需特别强调一下，因为这是镇守街亭成败的关键。在临下场前唱四句【西皮摇板】，尽管节奏有它的随意性，也要本着杨宝森那"有分量不能称，有尺寸不能量"的原则，唱出人物的内在心情。"但愿得此一去扫平贼寇"一句，体现出诸葛亮对马谡、王平之行寄托着极大的希望。末一句"也免得我亲自去把贼收"，不仅唱出情感，在技巧上也要做到稳起稳收，与出场时那威严的将帅风度相呼应。

　　《空城计》为全部《失·空·斩》的戏核，是全剧的高潮，也是演员在唱、念、做三方面最集中的一折戏。《空城计》的诸葛亮上场不同于《失街亭》那样有气氛，而是在【撤锣】后的小锣打上。诸葛亮手持鹅毛扇坦然自若地登场，上念："兵扎祁山地，要擒司马懿"，这两句表明这位汉丞相充满了自信。稍时，由王平差来的旗牌官求见，当听说是王平送来的地理图时，诸葛亮顿时表现出一种急欲观看的心情，他忙吩咐："呈上来！"在小锣【急三枪】中地理图展开，诸葛亮的目光从图中的山上看到山下，见图中有山无水，才知马谡并未遵照自己的叮嘱去做，而是把兵营扎在山头。此刻，诸葛亮又在大锣【急三枪】中表现出

大吃一惊，情绪紧张，眉头骤锁，捋髯的左手显得有些颤抖，随着连连摆动羽扇，示意将地理图拿走，并及时做出了果断的决定，命旗牌官速到列柳城把赵老将军调回营来。

在【冲头】中旗牌官奉命而去。诸葛亮这时已气涌心头，一个"啊"字在【撕边一锣】中脱口而出。

诸葛亮：好大胆的马谡哇!（又气又恨）临行再三嘱咐与你，要你靠山近水安营扎寨，怎么，偏偏在山上扎营，大略街亭难保!（失望地摊臂摇头，他已推测出不祥的后果。）

探子又火急来报："马谡、王平失守街亭!"

诸葛亮对这一消息已心中有数，此刻并不再感到惊讶，反而沉稳地命令："再探!"探子下场后，诸葛亮以早有所料的口吻念出："如何，果然把街亭失守了!"随之摇头，以悔恨的心情发出了叹息："虽然马谡失守街亭，乃诸葛亮之罪也!"（念"诸葛"时，将髯口略甩向胸前，以示自己。念"之罪也"头与羽扇同时微摇，以示对自己的责怪。）

探子又急匆匆来报："司马懿带兵夺取西城!"（这三报要一报比一报急）

诸葛亮："再再探!"（这"再探"二字，要念得紧迫，情绪有些紧张，诸葛亮立刻意识到西城的处境十分危险，如果赵云不来援救，那西城必丢无疑。）

探子下后，诸葛亮念"司马懿果然带兵夺取西城来了"时，内心潜台词为："我早料到了这一步。"转而想到先帝临终之托，懊悔不已，随着一声长叹："咳!（在【五击头】中站起）先帝爷白帝城托孤遗言，道马谡言过其实，终无大用，悔不听先帝之言，错用马谡失守街亭，悔之晚矣。"（在念"失守街亭"四字同时，用右手中扇，有节奏地配合下

点四下，以强调其重要性。)

诸葛亮在懊悔中正欲转身坐定，探子又再次急报："司马懿大兵离西城不远！"这一消息令诸葛亮为之一惊【一锣】，心中震颤，然后出字急促有力地命令着："再探！"

下面是一段十几句长的台词，这段台词充分提示了诸葛亮复杂的内心变化，这也是《空城计》中的一段重点独白。台词是："啊？【撕边一锣】司马懿大兵来得好快呀！【一锣】嗯！【撕边一锣】曾听说司马懿善于用兵，果然名不虚传呐。人言司马，用兵如神，今日一见，令人可敬【一锣】（稍晃上身，表示钦佩），令人可服！"【软撕边一锣】（左手伸拇指示意敬重），以下按一般的演法是在【双撕边一锣】中，向左右分望两眼，见两旁已无人，才惊讶地站起念："哎呀且住。"这样表演仍是程式化，况且在"失街亭"坐帐遣将时已明确将身边众将遣出，这时再看左右两眼，是不合情理。我改为在【撕边一锣】中思忖，猛然想到司马大兵到此，身边已无兵将，如何抵对？表演上只是在锣中为之一震，再紧接"哎呀且住！西城兵将，俱被老夫调遣在外，城内，只剩些老弱残兵，司马懿兵到，难道叫我束手就擒，这束手——被擒，这……"老的演法是诸葛亮在这里的【乱锤】中着急，然后看羽扇上的八卦图，再看天，一转眼珠，想出空城计。这样的演法，实际上是贬低了诸葛亮的智慧，把其定空城计的过程简单化、形式化了。我在演出中对此也做了改动。在【乱锤】中，我左手捋髯，右手持扇微微摇头，作思考状，两手交错上下划动，后转身至乐队方向，脸朝里，猛一停顿，这时突然想出了使用空城计，但又想到太冒险，随之再继续思考，转回正场。几步后亮住，在【双撕边一锣】里眼睛上下一看，又在单皮鼓单楗子"大、大、大……"声中左右望两眼，表示思虑再三，最后小锣一

击，决心已下。小锣后，情绪稳定下来，随即照计而行。对于这段表演，我认为切不可简单从事，思想斗争要有层次，由忧到思，继而慎思，最后下定决心。锣鼓打的虽是【乱锤】，但表演、动作却不能乱，要在激烈的矛盾旋涡中，仍表现出诸葛亮的沉稳、果断。

这段独白、表演后，诸葛亮的心要踏实下来，不能再有半点惊慌，在唤老军上场后，尤其是这样。老军上场后，诸葛亮不露声色地吩咐道："命你等，将城门大开，打扫街道，司马懿兵临城下，不可惊慌浮躁，违令者斩！"其中"违令者斩"四字，要加重语气，不仅严肃，而且夹有威吓的成分，避免老军在惊恐中露出马脚，坏了大事。老军下场，诸葛亮又吩咐童儿："携带瑶琴、宝剑，随我敌楼去者！"这句台词有人不念"携带宝剑"，而我却对此强调，因我体会诸葛亮携带瑶琴、宝剑有积极和消极的两手准备，如果以抚琴作态，使得司马退兵，那算侥幸脱险；如果司马懿识破计谋，也只有以宝剑自刎殉国。再者，在城楼上以剑垫琴，弹出的琴音有钢音共鸣，示意听者：我有刀枪在手，尔不可轻举妄动。在城楼一场戏中，也就是司马懿听出琴音内藏杀机，才退兵而去。

吩咐童儿完毕，诸葛亮在鼓板"扎、扎、扎"的节奏里，长叹道："天哪，天！汉室兴败，就在这空城一计了！"这是诸葛亮处在生死关头内心中的唯一祈盼，因为他知道，作战犹如下棋，一着不慎，满盘皆输。后边唱词中有"这西城原本是咽喉路径"，说明西城在战事中占有重要位置，街亭失守，已使蜀军受挫，西城若再落入敌手，蜀军所占之地，必将被魏军长驱直入，汉室江山，也就很可能由此一败涂地，作为全军统帅的诸葛亮怎么对得起先帝的嘱托呢？他虽设下了空城计，但面对老谋深算的司马懿，是否能够蒙哄，心中没底，所以念这句"天哪，

天！”声调要凄怆、哀伤。后边四句【西皮摇板】同样是上面的情绪。在唱法上，虽然【西皮摇板】属紧打慢唱的节奏，似乎没有严格的板眼控制，但在体现出人物情绪的同时，仍然要不慌、不晃，节奏分明，这就要求演员的心板要强。

城楼一场戏，诸葛亮在胡琴【小拉子】的伴奏下款步而出，在城外检查一下准备工作，看看老弱残兵们的精神状态如何，并且以坦然自若、胸有成竹的表情来稳定军士们的情绪。虽然如此，他内心却极为不安，所以出城后有捋髯、扔髯左右两望而后摇头的动作，这说明他对面临的处境已无可奈何，由此引起了唱“小马谡失街亭令人可恨（‘恨’字唱出愤恨的情绪），这时候倒叫我难以调停（再无计可施）。”

二老军对诸葛亮在敌兵到来之际，却四门大开迷惑不解，遂进行猜测。诸葛亮又接唱：“问老军因何故纷纷议论”，这一句是诸葛亮有意试探老军们的心理活动，待老军们说出担惊害怕的真实想法时，他又以“国家事用不着尔等们劳心”来给他们做工作。后面的“这西城原本是咽喉路径——我城内早埋伏有十万神兵”，诸葛亮自知这是在用谎言安抚老军，但这也是稳定军心的策略，故而，唱这句时，要神情自若，面带微笑，很轻松并煞有介事，使老军们坚信不疑，然后再命令他们“扫街道把宽心放稳”（最后叮嘱一番）。唱完，在【纽丝】锣鼓中上城楼，接唱最后一句“退司马保空城全仗此琴”，是在鼓打“咚咚咚”看到远处尘土飞扬，敌军已疾驰而来后，做好了最后破釜沉舟、孤注一掷的精神准备。这时诸葛亮的情绪应该内紧外松，表演上既注意外在戏，更要注意内心戏。

司马懿率大军来到城下的这段表演，是司马懿的内心活动，诸葛亮不去理睬他，虽知敌军兵临城下，却逍遥自在地摇扇、观看兵书。在司

马懿："为何城门大开？"一句时，表现尤为坦然，才使对方怀疑"诸葛亮又在那里弄鬼，不要中了他人之计……"司马懿传罢将令，轮到诸葛亮唱这段脍炙人口的【西皮慢板】，他先是在【过门】中自斟自饮，然后开始自我消遣地叙说自己的经历。我在前边说过，《失·空·斩》最早出自前辈卢胜奎之手，据有关文字记载，卢胜奎演《空城计》一折所唱的【西皮慢板】一段原来共有108句，以后谭鑫培从中摘取了前6句和后4句，集中为现在舞台上流行的10句。在唱词中，我并未完全照老先生们所演的去唱，根据唱词的合理性进行了适当调整，如第二句"凭阴阳如反掌保定乾坤"和第六句"东西战南北剿博古通今"，我则唱成"凭阴阳如反掌博古通今"和"东西战南北剿保定乾坤"。因为原来的唱词缺乏逻辑性，我们继承前辈的艺术，绝不可盲从。另外这段唱腔根据剧情和特定环境的要求，必须唱得沉稳、大方、自然，万不可哗众取宠，唱得华丽多姿甚至大耍花腔，这都不符合人物特点。

唱完【西皮慢板】第九句"闲无事在敌楼我亮一亮琴音"，开始弹琴。弹琴要表现得悠然自得，指法娴熟，且又相当轻松。弹后一笑，要笑得潇洒、从容，并且包含着一种嘲弄、讥讽，接着唱出"我面前缺少知音人"，这一句更要体现出诸葛亮超人的睿智。

司马懿也是个足智多谋的军事家。为了判断诸葛亮空城的真假，他在城下小心地观察——"有本督在马上观动静……"在司马懿唱这段【西皮原板】的过程中，诸葛亮在城楼做着看书、喝酒、吹酒沫等一系列动作，旁若无人，很自在。即便是在司马懿唱"我本当领人马杀进城……"时，诸葛亮愈是显得镇定自若、无动于衷，这样反使得司马懿更加生疑。

【西皮二六】也是诸葛亮的重点唱段之一，这里是其公开与司马懿

斗智，面对面交流。唱词里的表述都是诸葛亮此时此景的实际情况，诸葛亮表现得也十分认真，但由于他历来做事谨慎，这就使司马懿越发不敢轻举妄动，经过左思右想，最后决定退兵而去。

司马懿下场，二老军向诸葛亮禀报"司马懿大兵倒退四十里呀！"诸葛亮闻听在【崩登仓】的锣鼓中将髯、向上场门一望（【撕边一锣】），再左回首一望（【撕边一锣】），随后倒吸一口凉气，念出"险哪！"（左手拭额头的冷汗，显示出后怕的心情）。这里强调一下，诸葛亮向外一望，要远视，有广阔感，不可只看城墙景片的下边，要通过诸葛亮的眼神，表现出司马懿统领的不是几十人，而是浩浩荡荡的千军万马。

诸葛亮下城楼后，唱四句【西皮散板】"人言司马善用兵，到此不敢进空城（蔑视司马），诸葛亮从来不弄险，险中有险显才能。"（这里不是炫耀自己，只是个总结）四句刚完，赵云上场了，诸葛亮一见赵云又惊又喜，为防不测，又急忙遣赵云前去抵挡一阵，因他深知司马懿不会轻易中计。赵云下场，诸葛亮才松弛下来，念道："虎入深山走兽远，蛟龙得水又复还，险哪！"这"险哪"二字的潜在内心活动是，如果赵云不调回来，则危境难脱。如果后边不连演《斩马谡》，唱词则这样处理："人言司马善用兵，到此不敢进空城；看来汉家有福分……回营去斩马谡斥责王平！"

《斩马谡》这折戏是在极为紧张、急迫的气氛中展开的。在【快长锤】里，四名持开门刀的龙套引诸葛亮疾步上场。诸葛亮以气愤的心情、急促的节奏上唱两句【西皮摇板】："算就汉家三分鼎，险些一旦化灰尘。"唱毕，探子急报："王平、马谡回营请罪！"诸葛亮即命："升帐！"声音沉重，表情肃穆。诸葛亮往里归，至堂桌边，探子又急报："赵老将军得胜回营！"诸葛亮忙答："有请！"随手从堂桌上拿起酒杯

210 »

玉音响四方　李鸣盛

向外走去，见赵云敬酒。赵云已知街亭失守的事，欲为王平、马谡讲情，诸葛亮却以扇示意："快到后面歇息去吧。"赵云只好向下场门走去，行两步后，又回身欲求情，诸葛亮却脸朝外，面目冷漠，不予理睬，赵云无奈只好下场去了。诸葛亮待赵云下场后，在【工尺上】曲牌中左手将髯看上场门，抖袖（这是全剧中第三次抖袖），这抖袖由于过分激动、气愤，手臂有些颤抖，左手在颤抖中再次将髯，回身向堂桌走时，脚下有些不稳，稍有后坠，似有被气得迈不开步的样子，最后进入堂桌内坐下，愤愤地命令："带王平！"

　　王平被带上来后，跪在帐下，诸葛亮唱【西皮小导板】"火在心头难消恨"，按一般演法，这句【小导板】可以用平腔一带而过，重点放在后面的【快板】上。我演出时，考虑到诸葛亮自空城计后，深感街亭失守带来的严重后果，如果不冒险使用空城计，汉室基业不仅会化为灰尘，自己也不复存在。所以，此时此地此种心情，只有一个"愤恨"，因此我对这句唱腔是这样处理的："火在心头"四字要唱得情绪激动，但节奏不可快也不可拖。到"难消恨"的"难"字时，稍为后面作铺垫。"难"字，用两个音扔出，京胡加一个快速而简洁的垫头，戛然止住。我利用这刹那间蓄好了气，再以稍纵即逝的手法弹出"消"字，紧跟着把"恨"字一气呵成地翻成高腔，使它有穿云裂石之感。这样，把诸葛亮当时那激动、愤恨、难以自持的情绪全唱出来了。不仅突出表达了人物内心的活动，在艺术上也让观众有个痛快淋漓的享受。【导板】过后，随着【望家乡】锣鼓，接唱【快板】"帐下跪的小王平……"

　　【快板】在演唱技巧上有很高的难度，它要求演员在迅疾的速度中把唱词一一交代出来，每个字必须清晰可辨、铿锵有力、斩钉截铁，口齿干净利落，嘴皮子要有功夫。老先生们常说："慢板要紧，快板要稳，

散板要准。紧是指慢而不缓，慢中有节，神气一贯。稳是指快要适度，不慌不乱不毛，字句分明。准是指腔准于情，伸缩适当。"另外在气口上也要安排得当，切记"快板吸气浅，慢板吸气深"这个原则。以前曾流传"三斩一碰"是难演，作为"三斩"之一的《斩马谡》，最难之处，也包括了戏中的几段【快板】。

对王平的【快板】有人唱八句，我在这里只唱六句，即"帐下跪的小王平，临行再三嘱咐你，靠山近水扎大营，大胆不听我的令，失守街亭你罪不轻"。而对马谡的【快板】有人只唱四句，即"见马谡跪在宝帐下，不由老夫咬钢牙，大胆不听我的话，失守街亭你差不差"。我则在第二句后面加上"临行再三嘱咐话，靠山近水把营扎"，这前后一减一加，是为了突出对马谡的愤恨怒斥，因为他毕竟是失街亭的罪魁祸首。

对马谡的【快板】，在情绪上应比对王平的更为激动。待马谡接唱后，诸葛亮便毫不迟疑地"吩咐两旁刀斧手，快斩马谡正军法"。唱这两句的心情，既要表现诸葛亮的执法森严，又要看出他处在极端气愤之中。

诸葛亮命令已下，坐在帐中怒气未消，手中不停地摇动着鹅毛扇。但是当马谡返回帐中，向他陈述道："马谡未曾出兵，先立军状，如今失守街亭，理当正法，怎奈马谡家有八旬老母无人侍奉，望求丞相另眼看待，马谡纵死九泉……"这时，诸葛亮的羽扇渐而停摇，因这段话在诸葛亮心中引起震动，他看了一眼跪在帐下的马谡，又转向外，面部不由得呈现出凄楚的表情，然后摇头叹息着。他想着马谡是个孝子，但因违犯军法将被正法，家中留下一个白发苍苍的老母亲……这时，他开始时的愤恨，已化作痛惜，这才悲伤地徐徐唱出"见马谡只哭得珠泪洒"，

唱完第一句，考虑应对马谡加以劝慰，起身出座，用扇示意马谡起来，看着马谡格外难过，向外接唱下一句"我心中好似乱刀扎"。唱完，对马谡起【叫头】："马谡（一般的呼唤），想你未出兵之时，先立军令状，后失三城，今，若不将你正法，将军，你来看——（环视喊堂威的兵士，转向马）何以服众？"（态度亲切，以理相对，并表示这也是实出无奈呀！）而后面这个【叫头】要比第一个略加强调一下，呼唤马谡也稍伤感些，念到"将军哪"时拭泪。下接龙套第一次的两番"堂威"（有人演用三番），头一番诸葛亮在【撕边一锣】中先向左，后向右环视，第二番反之，再面向外，想到军纪难违，果断地吩咐道："斩！"

马谡当即被押出帐，诸葛亮向里走，略想还要对马谡有个交代，又急命令把马谡召回来。马谡返回后，忙谢不斩之恩，诸葛亮以亲切和安抚的口吻解释道："非是不斩于你，你方才言道，家有八旬老母无人侍奉，你死之后，将你的钱粮，拨与你母，以作养老之费。"在此，诸葛亮特别强调"养老之费"四字，以便让马谡放心而去。马谡立时叩谢。紧接着乐队又起第四次【叫头】（这折戏共有四个【叫头】，诸葛亮这四个【叫头】因情绪不同，处理也不一样），这次【叫头】要慢，诸葛亮以一种撕心裂肺的伤感心情，呼唤着马谡，声音似有哽塞，又近如哀号，念到"幼年"二字则更伤心，手在抖动。最后一句"将军哪"，感情几乎已难抑制，羽扇、髯口不住地颤抖，双眼望着马谡泪如雨下。后边再接第二次两番"堂威"，第一番，诸葛亮向右方环视，马谡向左方环视，第二番诸葛亮向马谡，马谡向诸葛亮，二人对视，诸葛亮已不忍卒看这位平日自己很喜爱的大将将被处斩，向外一望，再次出于无奈地颤抖着下达命令："斩斩斩，斩！"第四个斩字出口较晚，但很坚定。马谡被押下，后台传来"咚咚呛，咚咚呛，咚呛"示意正法的号炮。头

一声，诸葛亮坐在小座上一惊，第二声加甚，第三声知人头已落地，他极为沮丧，在【乱锤】中，刀斧手亮刀交令，诸葛亮伤心至极，无心验看，忙挥扇示意他们下去。

这时候的诸葛亮在【纽丝】中反思着发生过的这一切，然后站起身追悔莫及地唱出表达内心活动的【西皮散板】："我哭哇，哭一声马将军（有人唱小马谡，我认为不妥，这时诸葛亮已不再愤恨马谡，马谡虽触犯军令被斩首，但诸葛亮错用了他，违背先帝的遗言，也负有很大责任。自己用人不当，也是深感内疚的。我唱'马将军'，也正是表达了诸葛亮对马谡的惋惜），叫、叫、叫一声马幼常（呼其字示亲切，毕竟诸葛亮与马谡相处亲密，谈兵论战，交谊很深），未出兵先立军令状，可叹你为国家，刀下亡啊！"（潜台词亦有自己的忏悔）最后的【哭头】，要唱得更加凄惨，应达到催人泪下的艺术效果。

剧尾，赵云上后，诸葛亮以与赵云的简短对话，表达了自己对失街亭一事的自责，并采纳了他的建议："打本进京奏与圣上，贬去武乡侯之职。"然后例行公事："后帐摆宴与老将军贺功。"在表演上，龙套站成下场门斜胡同，当诸葛亮走至下场门，回身，赵云拜谢，诸葛亮以扇请起，这时他又是把目光放在赵云身上，看着赵云，想起了当初遣将之时，如若让这位常胜将军镇守街亭，恐怕也不会造成这个后果，马谡也不会落此下场。想到此，他又凄然、哀叹地摇摇头，思绪万千，徐徐向后帐走去。至此，《失·空·斩》一剧全部结束。

（刘连伦整理）

5

"有分量不能称，有尺寸不能量"
——关于《文昭关》中一段二黄原板的唱法

　　《文昭关》是著名京剧艺术家杨宝森先生的代表剧目，其中的一套二黄唱腔，更是精心设计的杰作。现在仅就这套唱腔中"鸡鸣犬吠五更天"一段【原板】的唱法谈点体会。

　　这是一段叙述与抒情相结合的唱段，全段只有十来句，却表现了伍子胥极其复杂的心情。其中有听到五更鼓晚的焦急，有思来想去的伤感，有对往事的回忆，有对眼下处境的慨叹，这里有孤独感，甚至有绝望感，但经过反复的思想斗争后，他终于活下来，并下决心报仇雪恨。要唱好这段唱腔，就应该把握住伍子胥有层次的感情变化。

　　这段【原板】的唱腔设计，基本上运用了以字行腔的原则，字韵以湖广音为主，兼以京音。"鸡鸣犬吠五更天"一句共七字，其中有三字（鸡、更、天）为阴平，根据以字行腔的原则，这三字都需要高唱，特别是"更""天"两个阴平的连用，使唱腔维持在较高的音区内。这就是为什么擅唱低婉唱腔的杨先生，在唱这句时却唱了高腔的一个重要原因，当然这样唱也是为了更好地表达伍子胥的感情。其中"天"字拖腔中有两板（四拍）的音用不稳定的"4"，接着落在三板半的"3"音上，

更加突出了伍子胥焦急的心情。

　　第二句的末字"惨"由于用的是上声，所以唱时不宜采用湖广音，而应用京音唱法，唱成"03 | 12 |"（很类似后面"五更寒"中"寒"字的唱法），这样唱显得和谐并能体现出伍子胥凄惨的心境。

　　第三、第四、第五、第六句，通过回忆对比，表现出主人公同在五更时分，"当初"和"如今"却处于不同的境地之中，但"想当初在朝为官宦，朝臣待漏五更寒"二句不宜唱得过分自豪，伍子胥的内心独白大略是：想当初我虽为平王极尽犬马之劳，到如今却落得这般惨景。今昔对比更衬托出此时此地的境况，因此"当初"的官宦生活自然是不值得骄傲的。接下来的"荒村院"的"院"字不可拖长，唱半拍后即收住（但不能把字唱倒），能表现出"不可言状"的心情便恰到好处。

　　第六句"我冷冷清清向谁言"一句的"冷清清"三字要断开唱，但字断情不断，以表现出一种孤独感。"向谁言"的"谁"字，杨宝森先生是创造性地发展了汪派的"鬼音"唱法，而巧妙地运用假声，运用鼻腔共鸣，唱时舌、龈都不必用力过大，注意不要在"谁"字后加"依音"，以达到不破坏"哭音"的效果。

　　第七句"我本当拔宝剑自寻短见"中的"寻短见"和下面的"寻短见"字眼虽同，但在感情上有层次上的变化。前一个"寻短见"唱得较为果断，表现出一死了之的一闪念的绝望感；而后一个"寻短见"要唱得犹豫不决难下死的决心。之所以产生出这种感情上的变化，答案就在于后面的"爹娘啊""父母的冤仇化灰烟"，一想到屈死的爹娘和满门被抄斩的冤仇尚未得报，他不得不驱逐死神。"寻短见，爹娘啊"一句，是感情上的一个过渡，所蕴涵的内容是极其丰富的，要唱得字断音不

李鸣盛在家中吊嗓

断、音断意不断、意断情不断。

"父母的冤仇化灰烟"以下三句，格式别致，唱时要一气呵成，表达出对平王的恨和复仇的决心。杨先生唱这段【原板】时，真是"有分量不能称"的。

《文昭关》一戏过去曾是汪派的拿手好戏，杨先生宗余，而余叔岩不唱此戏，因此杨先生在吸收余派唱腔特点时，在唱法上对汪派多有借鉴，但绝不是照搬，而是进行了艺术再创造。最突出的是对于节奏的特殊处理，轻重缓急，变化自如，独具风格，可以说在节奏上是"有尺寸不能量"的。如"想当初在朝为官宦"是这样唱的：

想当初 在朝 为 官 官

这里"在朝"二字比通常唱法出口都要早，给人以新颖的感觉。如"鸡鸣犬吠"的"吠"，"向谁言"的"向""言"，第二个"寻短见"的"短"（后接"呐见"的拖腔），"爹娘啊"的"娘"，"心不甘"的"心"等字，他都采取紧拉慢唱的耍板唱法，除运用丰富的装饰音外，字的落音往往不落在板槽内，可是又绝不脱板，这是很吃功夫的。应该指出的是，唱好这些唱腔的关键在于唱与伴奏（鼓板、胡琴）的密切配合，即：鼓板和胡琴从总体讲要随着唱腔走，但又绝不可时时都拘于唱腔的每一个字和每一个音，也就是说，伴奏的尺寸要相对稳定，而唱腔的尺寸则相对自由；如果伴奏过于拘泥于唱腔，那么不仅不能体现出杨派的特色，反而会出现脱板的可能。当年杨宝森先生和鼓师杭子和先生、琴师杨宝忠先生在艺术上都达到了炉火纯青的程度，唱和伴奏配合得十分默契，珠联璧合，乃成绝唱。杭子和先生在谈到《文昭关》打鼓经验时说："你唱你的，我打我的，不管你怎么耍板，我自有我的打法。"这不是说伴奏不照顾演员，而是说只有鼓板、胡琴的相对稳定，才能衬托出唱腔的多变节奏来。这的确道出了唱腔与伴奏二者间的辩证关系。下面我们试用简谱加以说明：

犬吠

"吠"字落音"1"一般唱法落在板上，但杨先生常常把前边的"3"音延至下一板头上，使落音"1"推后半拍，并在"1""2"二音急速交替中，适当把腔拖长一些，而鼓、琴仍按常规演奏，这就更好地衬托出伍子胥听到鸡鸣犬吠时的不安心情。又如"向谁言"的"向"字唱法：

向

其中 $\underline{3.5}\ \overset{76}{\underline{7.6}}\ |\ \underline{5\ 6.6}\ |$ 两小节中，运用了较丰富的装饰音。由于"7"音的拖长，把"5"音推至下一小节中，并只给"5"以四分之一的时值，便接唱"6"，唱法别致，却又极合尺寸。这种唱腔节奏的变化，只有在伴奏比较稳定的节奏烘托下，才显得更加突出，使人听后觉得不同。

像这种特殊节奏的处理，可以说是杨派唱腔的重要特色之一，不仅这段【原板】如此，整出《文昭关》都体现了这一特色。当然，杨先生

5 "有分量不能称，有尺寸难以量"

前期、中期和晚期的唱腔还是有"通"有"变"的，即使在同期的不同场合下，唱腔也不尽相同，这里所谈的是个人认为最能体现杨派风格的唱法。谈得不一定对，愿和杨派爱好者共勉。

（许祥麟整理）

玉音响四方　李鸣盛

6

深沉含蓄，雄浑豪放

——介绍杨宝森的《文昭关》唱段

京剧《文昭关》是杨宝森先生的代表作之一，也可以说是最能体现杨派艺术风格的一个剧目。杨先生比较擅长扮演那些落魄的英雄形象，像《碰碑》《洪羊洞》《骂曹》《卖马》《失·空·斩》等戏都是杨派的拿手杰作。

杨派艺术风格高雅，稳健大方，深沉含蓄，雄浑豪放。在演唱方面技艺精湛，造诣很深。这里仅就《文昭关》里的"一轮明月照窗前"这个唱腔，作一些初步探讨。

伍员在全家被害后，只身逃出樊城，路遇隐士东皋公将他留住后花园中，一连 7 日全无消息。因与东皋公萍水相逢不摸底细，伍员心情烦乱不安，感到前途渺茫。在这一段长达 36 句的唱段里面，杨先生设计了一组成套唱腔，其中包括一段【慢三眼】和四段【快原板】。这套唱腔结构严谨，布局合理，安排巧妙，别有新意。

伍员的主导思想是要到吴国借兵报仇，一切矛盾的发展变化全都围绕这条主线展开。一句撕心裂肺的叫板"爹娘啊！"是为着【慢三眼】唱腔作铺垫，第一句"一轮明月照窗前"，在"明月"二字上杨先生用了一个较长的装饰音。当时的环境是万籁俱寂，一轮皎洁的明月挂

杨宝森在《空城计》中饰诸葛亮

在窗前。整个气氛突出一个"静"字。这个"静"正好与伍员像波涛翻滚一样的心情形成鲜明的对照，所以要唱得平稳舒展。"照窗前"的"前"字用了一个迂回婉转的唱腔，使它有一个较大的起伏跌宕，从而达到渲染气氛的目的。下面"似箭穿"的"穿"字要唱得凄凉哀怨，把伍员那种如万箭穿心一样的痛苦心情淋漓尽致地表现出来。人们常说杨派唱腔"有尺寸不能量，有分量不能称"，就是表现在这些地方。如果唱得不够就达不到预期的效果，唱得过长则等于画蛇添足。只有按杨先生的唱法才能恰到好处。底下有一连四个"我好比"，先生唱得层次分明，循序渐进，各有特色，不落窠臼。这里还有一点要说明的，先生在演唱时很少或者说不轻易使用虚字，如咿、呀、哪、哦等。

一旦使用就要发挥它的作用，增加艺术感染力。在整段【三眼】中，只有"向谁言"的"言"字和"失舵的舟船"二处使用了虚字，其他地方一概不用。接着"思来想去"的"想"字用了一个上滑音（想是上声字允许上滑）。"肝肠断"的"肝"字从板上张嘴拖到末眼，胡琴还一个小垫头，从中眼唱"肠"字，"断"字在板上唱，甩到板上，胡琴再还个小垫头，然后再从中眼接唱，直到把全句唱完。这种板式的变化，先生运用得真是从容不迫，巧妙娴熟。这些小地方稍纵即逝，先生能这样处

理使人感到：既出乎意料，又在情理之中。无论是剧中人物思想感情的变化，还是演唱技巧的运用，或者板式的要求都安排得合情合理，令人赞不绝口。

几段【快原板】从节奏上说是一段比一段快，随着剧中人物思想感情的变化逐步推向高潮。每句唱词都要做到吐字清晰，节奏鲜明，铿锵有力，切忌含混拖沓。在第一、第二两段，【原板】中有两个【哭头】唱得高亢激昂，悲壮凄绝。真是叫人拍案称奇。两个【哭头】虽然要求很高，难度很大，可这正是两段【原板】的精华，如唱得不好将使整个唱段功亏一篑，成了无效劳动。【原板】的最后一段是全部唱腔的高潮部分，由于速度最快，所以用气要均匀，三句唱词一气呵成。要像江河奔腾那样一泻千里。唱到"不杀平王"的"王"字戛然而止，急忙收住，这儿用的正是欲擒故纵的手法。"我的心怎甘"一句要唱得字字千斤，充满信心，有不报此仇誓不为人的英雄气概。

7

广交师友获益多

我从事京剧艺术事业已有半个多世纪，并在舞台上作出了一些成绩。这些成绩的取得，有自己长期的刻苦努力，也有众多师友的帮助和密切合作。如今有些师友已经故去，有些师友虽陆续退下了工作岗位，但仍在继续发挥着余热。每当我回顾起自己所走过的艺术历程，对这些师友的思念之情不禁油然而生。

在我的艺术道路上，学习流派曾经历了由继承余派到转宗杨，以至发展成为自己的风格这三个阶段。在学习过程中，京胡名家杨宝忠先生曾给了我很大帮助和影响，至今他的音容笑貌仍映现在我的脑海之中。

早在 20 世纪 20 年代末，我父亲李华亭便与杨先生成了很要好的朋友。30 年代，我父亲担任以马连良先生挑班的扶风社副社长，杨先生为马连良先生操琴。40 年代，杨先生脱离扶风社，出头请我父亲为他的堂弟杨宝森先生组建宝华社，我父亲出任社长，杨先生为其弟操琴，因此关系愈加亲密，我们几个孩子称杨先生为伯伯，两家来往频繁。

杨先生出身于梨园世家，祖父杨朵仙是京剧早期的著名花旦，父亲杨小朵也习花旦，并且亦名噪一时。杨先生小时候就开始学戏，曾先后

青年时期的杨宝忠

向陈秀华、张春彦学老生，11 岁以"小小朵"的艺名登台，青年时又拜余叔岩为师，成为余门的大弟子。杨先生天资聪颖，尤其是对余派老生颇有研究，而且喜爱京胡伴奏。后因身体不好，又加上身材过高，他只好结束了演员生涯，专门从事操琴工作。由于他原来就是个很不错的老生演员，对唱腔素有研究，所以他操琴对演唱者的托腔、伴奏相当严谨，为演员增色不少。

我小的时候，杨先生家住在北京的西河沿，我常去他家里玩，因为

我与杨先生的三个儿子关系都很好。老大深泉（现北京京剧院琴师杨鸿均之父）子继父业也拉胡琴；老二礼泉以后成了老旦名票；老三元涌唱老生，我们经常在一起吊嗓子。杨先生家里总是来人不断，那时候，名票夏山楼主韩慎先便是座上客之一。杨先生与他谈戏说腔，我们就在一旁聆听。通过他们的吊嗓、说戏，我们才渐渐明白了什么是老谭派，增长了不少知识。

　　杨先生性格乐观，谈笑风生，他走到哪里，哪里就充满了笑声。他对我们晚辈很和蔼，总和我们说笑话逗乐，还跟我们学"外语"，什么叫"盘比碟深，碗比盘深，缸更深……"就是在"文化大革命"中，他仍然是那么幽默。念毛主席语录的时候，他还强调哪一个字应该念出"喷口"，要嘴皮子上使劲。演唱毛主席语录，有意识地把戏曲中的衬字加进去，譬如那段"领导我们事业的核心力量是中国共产党，指导我们思想的理论基础是马克思列宁主义"，他在两个"是"前边都加一个"它"字作衬，这就成了"领导我们事业的核心力量（它）是中国共产党，指导我们思想的理论基础（它）是马克思列宁主义"。可见，杨宝忠先生不论在什么情况下，他都忘不了唱戏的老本行，干什么也跟研究唱戏分不开。我成名以后，由于我父亲和杨先生的关系，杨先生也曾为我操琴，每逢他操琴，台口还要专门戳一块牌，上写"杨宝忠操琴"。每次该他伴奏时，他从场内走出，手持胡琴向观众致意，观众都会爆发出热烈的掌声。记得一次在天津演出《碰碑》，那天我都化好了妆，杨先生被人请去吃饭还没回来，把我急坏了。临上场，他突然出现了，嘴里流着口水，双眼惺忪，肯定是喝醉了。他坐在台口拉起了胡琴，我一直提着心，生怕把这出戏唱砸。可没想到杨宝忠先生竟然把这一出《碰碑》不洒汤不漏水地拉下来了，该有好儿的地方还有好。下台以后他酒

晚年的杨宝忠

醒了，连连向我抱歉说："伯伯对不起你……"当时我却想，幸亏是杨先生的技艺高超，否则后果不堪设想。

　　1952年我加入了军委总政治部京剧团，因当时总政京剧团没有合适的琴师，我就请求领导把杨宝忠先生给调了过来，他分在教员组。从此，我们爷儿俩更有时间在一起切磋技艺了。这期间共同合作，使我在艺术上有了更大的提高。我们慰问部队的时候，他除去担任伴奏外，还常常独奏京剧曲牌，战士们非常欢迎。当观众请求他再演奏一段时，他

还是用戏班里常用的老话说："下边，我再孝敬您一段！"惹得台上台下直笑。当时他经常和素有"月琴大王"之称的罗万金一起演奏，二人合作真是珠联璧合，堪称当时全国一流水平。

杨先生在军委总政京剧团呆了一年左右，因适应不了部队那种极为紧张的生活，他提出退团，我们也就只好分手。虽然杨先生不再为我操琴，但在他的培养下，优秀琴师高月波同志又担当起为我伴奏的工作。月波的胡琴颇具杨先生的风范，他事业心强，学习刻苦，以后我们陆续合作了不少杨派剧目如《伍子胥》《失·空·斩》《杨家将》等，杨先生对这个弟子十分赞赏。

1963 年夏，我所在的宁夏京剧一团到天津演出，杨先生去看我们，那天我演全部《伍子胥》。由于高月波是他的学生，我是他的子侄，演的又是杨派戏，他特意在乐队边上搬个凳子听戏，实际上是运用他的社会威望给我们壮威助阵。这场戏有杨先生坐镇，我和月波都卯上了，又加上马玉河（与其兄马玉山、马玉芳在戏班里被称为"马氏三雄"）的司鼓，戏演得格外出色，台下的掌声、喝彩声此起彼伏，轰动了中国大戏院。演完戏，我留他在国民饭店吃夜宵，一聊就是一宿，天亮才回去。他特别激动，对我们的演出夸了又夸，奖了又奖。

1965 年，我到北京，又去看望杨先生，他住在北京永安路的一个单元里。那时候全国都在大演现代戏，他却关上门给我吊起了《洪羊洞》里的【二黄原板】"为国家……"杨先生拉的节奏我感觉很慢，而他却拉得津津有味，等我唱完才悟出来，杨先生拉得很充实，是我唱得不够满，才显出空白太多。那天我们又聊了很多很多，可万没想到，两年以后，这位著名的一代京胡大师，竟在"文化大革命"中惨遭迫害而死，这不能不说是我们京剧界的一大损失。

对我学余宗杨方面有较大影响的除杨宝忠先生，还有一位陈鸿寿老师。

陈老师是北京人，个子不高，较瘦，大眼睛，高鼻梁，留着高平头。他和我父亲关系很好。我 17 岁左右开始向他学戏，他当时已 50 岁左右。家住在菜市口铁门，老两口无儿女。那时我们已搬到前孙公园居住，相距不算太远，我去以后，给老两口调剂了生活气氛，他们很高兴。陈老师曾为名老生王少楼操琴，艺术上非常崇拜陈彦衡。以后，一度为四大须生之一的奚啸伯伴奏。陈老师的最大特点是不仅拉得一手好胡琴，还能说戏，从身段到唱腔都非常讲究。他开始先给我吊嗓子，后来又陆续给我说了一些戏。我的《战太平》一剧，主要受教于他。他教戏不光是教路数、身段等，而且把唱、念及动作都讲得清清楚楚。如唱腔上，一句【二黄导板】"头戴着紫金盔齐眉盖顶"，他竟教了我三个月。他从每个字的字头、字腹、字尾讲起，字头怎么出口，字腹音如何保持，字尾音应该如何收，收在什么韵母音上。他教的《战太平》与余叔岩演的相仿，但似乎对唱、念更为讲究。他还将我经常演出的《坐宫》《打渔杀家》《文昭关》进行了细致的加工。凡是他教的戏，教完他就让我上弦吊嗓，一方面巩固，另一方面实践。以前我学余派只是一般的模仿，后来在他的教授下，对余的特点有了真正的了解，再学习脱胎于余派的杨派就省事多了。

陈老师教戏正规，操琴讲究，他还为王少楼说戏，王少楼在台上获得好评，也与他的帮助分不开。此外，名老生高世寿也曾得到他的教益。北平解放后，师兄滕吟华把陈老师接到哈尔滨视如高堂，直至养老送终。

1985 年在上海举办的南北京剧表演艺术家交流演出盛会上，我和

尚小云（右）与尚长荣

童芷苓对《打渔杀家》进行了创新，提起这出戏，我还要感谢四大名旦之一的尚小云先生。

我与尚先生合作于1950年初，我给他挂二牌老生。参加尚剧团以后，由于尚先生改革精神很强，经常排新戏，我在一些戏里也就担任了几个重要角色。譬如《太原双雄》。那是在一次饭桌上，尚先生跟我们说："咱们再排个新戏吧。"看来他已有准备，跟着他就谈起了剧情：太原有双雄，不幸被捕入狱，其妻其母探监定计，终于将二雄救出。编戏先生很快将剧本写出，由我和尚先生长子长春分饰二雄，尚先生扮演母

《法门寺》中李鸣盛（左二）饰赵廉

亲，其次子长麟扮演妻子。戏中尚先生为自己和长麟设计了很精彩的场子，如有一场"路遇"，表现两个女人在路上不期而遇，互不相识，经交谈才知一个是去探丈夫，一个是去探儿子。表演中二人有段【垛板】，边唱边舞，长麟跑正圆场，尚先生跑反圆场，尚先生演出时，脚下风驰电掣，虽然长麟比他年轻很多，但跑起圆场却追不上父亲。我在戏中也有单场表演，如有一场唱【高拨子】，身段技巧有甩发、吊毛……很火暴。长春的单场，载歌载舞，也非常受欢迎。

此外，尚先生还排了一出有关太平天国故事的《洪宣娇》，我在戏

郭元汾在《除三害》中饰周处

中饰洪秀全。这出戏从布景到服装都很新，末一场舞台布置得富丽堂皇，非常别致、漂亮。

由于我在尚先生的戏里表现得很出色，也很受观众欢迎，所以尚先生对我格外器重，不仅让我在新戏里担任主要角色，并且还主动提携我，陪我演传统戏。在天津，我就曾同他合演《汾河湾》和《打渔杀家》。演出《杀家》，尚先生不仅帮助我分析人物，告诉我前辈们的表演经验，连细小的地方都一一教给我。如他给我讲萧氏父女的上下船表演。他说上下船要特别注意二人高矮动作的配合，当一个人上船，船头必然增加压力，船浮在水面上，必定头重尾轻，这样通过上船、下船的演员此起彼伏的舞蹈动作，使观众感到真实。另外，他还给我讲述撒缆绳的细节。因为我生长在城市，没有这方面的生活，表演撒缆绳也就是把路数做对而已。而尚先生凭着自己对生活的观察和多年演出经验，告诉我撒开缆绳以后，因船尚在浅水处，不能马上一划桨就走，演员跳上船还必须用脚跟一下，表示这一踹，船就被推到了深水处，这样用桨才能把船划动……以后我演这个戏，不仅加深了对人物的理解，而且处理上下船的细节动作也尽量做到真实贴切、细致入微。1985年我和童芷苓演这个戏时，由于二人配合默契，对前后上船下船

的表演又进行了更加细腻的设计，所以每演到此，观众总要报以热烈的掌声。这一点，我想是与当年尚小云先生对我的教诲分不开的。

在我的同辈合作者中，有许多人技艺高超，正是由于我们在事业上有共同的不懈追求，所以在合作过程中也取得了一定的成绩。舞台合作时间较长的，如著名花脸郭元汾，他是前辈名丑郭春山老先生之长子，名丑郭元祥之兄，曾坐科于北京富连成。元汾早在科中便已小有名气，出科后艺宗金派，嗓音响亮、声若洪钟，演唱酣畅淋漓；身段帅美，功架漂亮，是花脸中难得的人才，勾画的脸谱细腻传神，也是别具一格。我曾与他合演过《除三害》《失·空·斩》（他饰司马懿）、《捉放曹》《大·探·二》《断密涧》《将相和》《金水桥》等戏。在中国京剧院四团期间，还排演过一出由剧作家景孤血编写的《赚唐营》，他饰黄巢，我饰王仙芝。到宁夏后，元汾由于身体不好，较少登台，不过他还抱病坚持与我合作了《除三害》《失·空·斩》《金水桥》等传统戏，并在现代戏《林海雪原》中扮演了刘勋苍，在观众中反响很好。元汾为人正直，在艺术上有独到之处。可惜的是，他于1962年在银州病故，年仅39岁。

殷元和是元汾的同科同学，也是富连成的杰才之一。他天资聪颖，花脸、文丑、武丑都很不错，后来专工导演。我们合作过《斩马谡》《鱼肠剑》（他饰专诸）等，由他导演、由我主演的现代剧目也较多，如《六盘山》《杜鹃山》（他与孙秋田共同执导）。与此同时，他还在《杜鹃山》一剧中扮演了反面人物温七九子，人物刻画得很细腻。"文革"后期他调到自治区文化局戏研室担任领导工作，偶尔登台演出他拿手的《醉打山门》《钟馗嫁妹》等戏。

在老生一行里，刘顺奎可算是我的老搭档。我们二人合作的戏很多，如他在《文昭关》饰东皋公，《捉放曹》饰吕伯奢，《斩马谡》饰王

殷元和在《醉打山门》中饰鲁智深

平,《碰碑》饰六郎,《四郎探母》饰六郎……可以说凡是我主演剧目中的二路老生都由他担任。顺奎嗓音响亮,韵味纯正,表演朴实大方,是二路老生中的佼佼者,我与他常年密切合作,使我们的演出红花绿叶更加夺目。

在乐队方面,我忘不了素有"月琴大王"之美称的罗万金先生。罗先生早年曾为言菊朋、马连良伴奏,他在月琴方面造诣精深,尤其精于老生戏。他在《失·空·斩》一剧中,为诸葛亮城楼上弹奏的"琴歌"与众不同,不仅琴音清脆动听,而且在曲尾加上一快速弹拨,立时表现出古琴的音色,既符合生活,又符合人物,且技巧高超。每演到此,必赢得一阵掌声。再有就是前边提到的高月波同志。月波自1953年杨宝

1958年中国京剧院四团酬教。前左起 秦志扬、石天、贺进禄、殷元和，后左起 谭世英、李盛荫、马玉山、苏盛琴、罗万金、樊富顺、盖玉亭、郭元汾

忠先生离开军委总政京剧团之后，便为我操琴。他手音好，指法、弓法都是地道的杨派。我们50年代合作的《文昭关》《秦琼发配》《捉放曹》等都已在北京电台录音，观众和内行师友称赞我是优秀杨派传人，而高月波也被称为又一个"杨宝忠"。

我曾在一篇文章中写到杨派的创立有赖于演员、琴师和鼓师的密切配合。现已从宁夏京剧团退休的马玉河，曾长期为我司鼓。玉河受教于其兄马玉山。马玉山艺宗侯派，擅长武戏。1952年马玉河入军委总政京剧团后，在继承侯派基础上，转宗杭（子和）派、白（登云）派。当时他年轻好学，博采众长，很快掌握了前辈的打法。在以后的合作中，

我们也效仿前辈艺术家，演员、琴师、鼓师三位一体，密切配合，各展其艺，这种方式使演出水平得到了迅速提高。

当然，一个人在一生的艺术道路上，他的合作者不仅仅是一两个人，我亦如此，诸如宁夏京剧团的鼓师王惠生、王敏，琴师如我的妹夫王鹤文，黑龙江省京剧院的宋士芳，天津京剧院的魏国勇，中国京剧院的李亦平、赵建华等，他们都对我的艺术发展有过不同程度的帮助。

哭恩师——李鸣盛

李军

　　2002 年 3 月 6 日一早，我应中国京剧院院长吴江之约到北京为"两会"演出，刚刚走出机场，手机就传来赵真师母哭泣的声音："小军，你师父……他……走了。"尽管我知道师父李鸣盛的病情，心里也有一定的准备，但此时仍然无法接受这一事实，禁不住问："啊！真的吗？什么时候？""今天早晨 7 点 40 分。"师母说。这时，我的心乱极了，跟师父相处了 10 年，说是师徒，却跟父子一样，我身在上海，却无时无刻不感到北京有一份牵挂。我每次到北京学戏几乎都住在师父的家里，遵照医嘱他不能吃肉，但只要我去他家，他总是让师母给我炖一锅肉，或者熬一锅牛尾汤，他说："小军的身体太单薄，要给他好好补一补。"所以我一进师父家门，就好像回到了家。"如今，他的厚爱，我只能在追忆中回味了。"

　　我跟师父见面是在 1991 年的电视大奖赛，当时我参赛的剧目是《击鼓骂曹》，记得曾经与杨宝森先生同台合作的李荣威先生在看完排练后告诉我，当年杨先生在击鼓的时候不是眼睛总看着鼓，而是不时地把愤怒的目光投向曹操，每一下鼓声都渗透着仇恨和蔑视。我按照李荣威先生的话去做了，李鸣盛老师看到我的表演后大为赞赏，对我说："你

击鼓时的表情很好，看来是有名人指点了，唱词中有一个字，我一直以为不太合适，你看能不能改一改。"正式演出时我就按他的要求，改动了唱法。事后李老师特别高兴，说："现在有些青年演员都觉得自己比老演员水平高，他们学戏少，地位高，水平低，架子大，而你这个孩子闻过则喜，闻过则改，知道自己不行，这样就容易进步。"别看简单一句话，我得到自己崇敬的前辈夸奖，真比得到奖牌还要高兴。继续向李老师求教自然就成了我所梦寐以求的。一次到北京演出，我请剧协段大雄老师带我去拜访李老师。那天一直是师母跟我说话，师父却话不多，还很客气。我知道老师是不愿意随便收徒弟的。回上海后我跟剧院领导徐幸捷说明了这件事情，不久，徐幸捷、上海戏校校长王梦云等和我一起到老师家中正式提出向老师学戏的请求。

老师看剧院领导如此重视，知道我学有所用，就答应了给我说戏。我对此感到无比的荣幸。因为老师是一位享誉大江南北的艺术家，他演唱的拿手戏《秦琼发配》《碰碑》《文昭关》和现代戏《杜鹃山》《智取威虎山》早已脍炙人口，我能跟他学戏是非常幸运的。所以我一直在想，今后该如何向老师多学点本事。然而从跟老师学第一出戏开始我就发现我的想法是多余的，老师不但问一教十，而且唯恐我学得少，学得不到位，那种责任感和紧迫感完全超出我的想象，就好像是他拿着鞭子在赶着我往前跑一样。他在教学中从不墨守成规，比如学《宋江题诗》时，原本题诗都是虚拟的，他知道我演过《郑板桥》，在舞台上写过字，就启发我把题诗改为真写，结果效果非常好。教《秦琼发配》时，我在他的启发下，增加了厚底"旋子"和串翻身等武功技巧；教《战太平》时，他又启发我借鉴了《洗浮山》的刀花下场，他说根据你的条件，发挥你的特长，才是因材施教。为了教我学戏，他不辞辛苦，一年四次南

下上海；为了教我学戏，他把他家的三个房间腾出一间，留给我住；为了教我学戏，只要我一个电话，他就会放下一切事情，立即飞到上海。

有一次我到北京参加"京剧之星"的演出活动，因为同时还要排演别的戏，这位古稀老人竟然亲自出马，替我到电视台走台、站地，给我当替身，叫我安心排戏，唯恐我累坏了。别说我这个当学生的感动不已，就是其他在场的人也无不惊讶，无不敬佩。那次有一个"专家摘毛会"，不少专家给我提了意见，不等我说话，他就把问题都揽在自己身上，说："这些问题都是我教学中存在的问题，责任都在我。"平时，如果听到有人说我有什么不足或缺点，他就会不高兴，马上给人家解释，或者强调一些客观理由，他的偏袒、溺爱，无人不知。但是一看练功棚只有我们师徒二人时，他就会毫不客气地批评我，甚至说："你知道晚上演出，为什么白天不好好休息，你到底想不想唱戏啦！不想干就别干！"当时他那严厉、爱惜和恨铁不成钢的态度使我愧疚得无地自容。如果不是真情使然，一位老师怎么能如此地"恨"学生呢？如果他不是把我这个学生当成自己的亲骨肉，怎么能如此不留情面、狠狠地批评呢？

经过一段时间的考验，他终于同意我向他拜师学艺了。不过拜师仪式非常特别，不是在饭店，也不是在家里，而是在剧场演出之后。他说，只有这种拜师形式对我的宣传最为有力。那天演出后，他走上舞台，让我当场给他三鞠躬，就算拜师了，这恐怕是京剧历史上最简单的拜师仪式了，也是最隆重的拜师仪式了。

自从老师患病以后，我的心情特别沉重，有时间就往北京跑，那时他心里明白，可是说不出话来，我们每次见面，他总会难过地落泪。后来我在上海录制录音专辑，就请录音师多复制一盘样带，以便能带到北京请老师听一听。那天我带着录音带来到老师家，扶着他坐起来，放

1996 年李鸣盛（前左）收李军（前右）为徒现场

我的录音专辑给他听，他一边听，一边想说点什么。可是他怎么也说不出话来，急得哭了起来，听完后，他拉着我的手，用了很大力气才说出"有……进……步"三个字。这三个字，是我听到的老师最后的声音，这三个字是对我终生的鞭策和激励，也是老师对我最高的奖赏。

根据师父的遗嘱，丧事从简，3月9日那天，北京文艺界的同行和亲朋好友都到北京中医院给老师送行，张百发老市长还委托长安戏院的赵洪涛经理前来吊唁，对家属表示亲切慰问。然后我们扶灵到昌平火化，当天就把师父安葬在风景秀丽的十三陵。就在我和师兄弟们亲手捧起黄土掩埋好师父后，突然悲从中来，哭着跪在地上给他磕了三个头，只是连叫着"师父呀，师父呀……"什么话也说不出来了。

忆恩师李鸣盛先生

张国泰

恩师李鸣盛先生，生于 1926 年，属虎，于 2002 年春辞世，享年 76 岁。这位著名的京剧表演艺术大家，为京剧事业的继承和发展作出了卓越贡献，在京剧史上享有重要的一席之地。他在继承前辈先人的精湛技艺的同时，亦积极地探索京剧艺术的发展及创新。他刻苦专研爱戏如命，在唱、念、做打各方面都具有雄厚的功力。他在继承杨派的基础上，不拘一格地努力学习余派和马派经典技艺，取众家精湛艺术，为创造剧目和塑造人物做出了突出贡献。离休后，李老师并没静养，而是全身心地投入到培养京剧艺术人才的工作中。他爱京剧，同时也为京剧的不景气而担忧，他抓紧一切时间，竭尽全力培养接班人，传播精湛的京剧表演艺术，为振兴京剧奋勇拼搏。

李老师祖居湖北武昌，所以对湖广音官话的四声调值，把握得极其准确。如《宋江题诗》中的念白"回去吧，回去吧！"的"回"字，李老师绝不念北京音的阳平调值，而是念湖广音的上升调值，只不过是采用三才韵字头的技巧，高低轻重有秩罢了。李老师准确地掌握阳平低念的谭、余演唱艺术法则，既悦耳动听，又耐人寻味，叫人钦佩无比，余音绕梁三日而不绝于耳，不愧是一代京剧表演艺术大家。

李鸣盛（右）在张国泰家中

　　另如：《捉放曹》的念白"谢谢了！"两个去声的"谢"字，完全是按湖广音上声调值，采用前高后低三才韵字头的念法。而上声调值的"了"字，又巧妙地归到去声调值。韵味十足精辟，处理得极其合理顺溜，叫人拍案叫绝。

　　李老师的唱更是无比优美动听，多年来我是永听不够。老人家高亢的歌喉，悠扬甜美，如《除三害》中的"字子隐"，虽然高达"76"高腔音符，但他演唱得是那么轻松自如，毫无雕琢之感，功力可见一斑。对极其细微不显眼的小腔小撤，也绝不轻易放过，演唱时糅得那么自然巧妙。如后面的【二黄散板】"我若是说出来他的名和姓，只恐我老残

生也活不成。"演唱得又是那么委婉彷徨，加之那忐忑惶恐畏惧的身段表演，观者如同身临其境，感到既真实又动人，对剧中人时吉的敬重之情油然而生。

《秦琼发配》是李老师的拿手好戏，一段【西皮流水】"将身儿来至在大街口"，如"儿行千里母担忧"的"母"字，后面巧妙地用了两个小擞，既俏皮又富含牵肠挂肚的母子情深。又如，他演唱的《斩马谡》，即便到了花甲之年，嗓音还是那样激越、高亢。一句"火在心头难消恨"，酣畅淋漓，"难消恨"的"恨"字，一字千斤，似有穿云破雾之势，把此时此刻诸葛亮的心情表达得淋漓尽致。

老师走了，但给我们留下了虽然为数不多却十分珍贵的音像资料，我不仅要精心地研究它、继承它，而且要把我向老师所学到的一切，向后学者无私地传下去，也要像老师那样，为祖国的京剧事业，贡献我毕生的力量。

忆恩师李鸣盛先生

李鸣盛大事年表

1926 年农历十一月初八（公历 12 月 12 日）　生于北京前门外鹞儿胡同甲 17 号，取名士琳。父为北京马连良扶风社副社长、天津中国大戏院经理李华亭，母为京剧演员王韵甫。

1931 年　全家迁往天津。被父亲送进了日租界的竞存小学读书。一年以后，转到英租界的浙江小学。

1937 年底　跟随父母返回北平。父亲李华亭虽然还兼着中国大戏院的后台经理，但主要精力已经放在了马连良的扶风社。李华亭在北平买下了宣武门外潘家河沿胡同住房。

1938 年　在马连良先生鼓励下开始学戏。父亲李华亭通过梅兰芳的琴师徐兰沅先生的推荐，为儿子请来了第一位老师范儒林。范儒林相继给士琳说了《捉放曹》《天水关》《失街亭》《空城计》《斩马谡》等戏。张连福等为士琳传授了《辕门斩子》《问樵闹府》《打棍出箱》《乌龙院》《翠屏山》《奇冤报》《南阳关》等戏。经马连良推荐，李华亭还请来了当时擅演马派戏的沙世鑫到家中为士琳说了一批马派名剧，像全部《龙凤呈祥》、全部《群英会·借东风》《一捧雪》《清风亭》《九更天》《四进士》等。同年，李华亭还通过在荣春社科班做事的内弟王金亭介

绍，在北京两益轩饭庄请客，让儿子正式拜了蔡荣桂老先生为师。随后士琳还向刘盛通学习了余派的《洪洋洞》，向宋继亭学了谭派的《定军山》。此间，为士琳传授技艺的还有宋富亭、李盛荫、沈富贵、张盛禄、费世威、钱宝森等。

1939 年 10 月 5 日晚　首次在前门外广德楼戏园粉墨登台，父亲请老翰林周养庵为儿子取艺名为李鸣盛。开场是马连良之子马崇仁主演《铁笼山》，压轴李鸣盛主演《捉放曹》，名净裘盛戎为其配演曹操。大轴梁雯娟主演《盘丝洞》。北平《新民报》对此以"梁雯娟等组班，李鸣盛、马崇仁各演名奏"为醒目标题，向广大读者作了较为详细的介绍。随后李鸣盛在广德楼又接连演出了《奇冤报》《甘露寺》《红鬃烈马》《托兆碰碑》《上天台》《四郎探母》等戏。

1940 年 2 月 26 日　以童伶须生的身份，搭入名坤旦吴素秋剧团，在天津中国大戏院首次亮相。吴素秋剧团的阵容实力强大：有花脸演员袁世海、武生演员傅德威、小生演员江世玉、丑角演员孙盛武、老生演员关德咸等。演出剧目《四郎探母》等。

1941 年元月至 1943 年　应"四小名旦"之一毛世来邀请，聘为二牌老生，成为和平社主演之一。其他演员有陈喜星（老生）、陈盛泰（小生）、朱盛富（武旦）、陈盛荪（青衣）、艾世菊（丑）、詹世甫（丑）、叶盛茂（花脸）、罗盛公（丑）、江世升（武生）、胡少安（老生）、何佩华（赵燕侠的老师）等。主演剧目有《打渔杀家》《武家坡》《大保国》《探皇陵》《二进宫》《法门寺》《战宛城》《穆桂英》《翠屏山》《黄金台》《搜孤救孤》《阳平关》《秦琼卖马》《失街亭》等。

1943 年底　进入变声期，每天到陶然亭喊嗓，在家中练功学戏，等待嗓音恢复。

1946 年初　与杨荣环、刘连荣、裘盛戎、钟鸣岐、李多奎、魏莲芳、萧盛萱合作于天津中国大戏院，演出剧目有《大保国》《探皇陵》《二进宫》《阳平关》《龙凤呈祥》《八大锤》《桑园会》《问樵闹府》《双狮图》《借东风》《坐楼杀惜》《游龙戏凤》《打渔杀家》《四郎探母》《大八蜡庙》等。同年开始痴迷杨宝森，并在琴师李长清帮助下，苦心钻习杨派剧目。

1948 年　在北平华声广播电台和民生广播电台清唱大量杨派剧目如全部《伍子胥》、全部《杨家将》、全部《失·空·斩》、全部《捉放曹》及杨宝森先生不常露演的《定军山》《汾河湾》《秦琼卖马》等，被听众誉为"小杨宝森"。

1949 年　参加王玉蓉领导的蓉青京剧团。

1950 年　自组北京市进步京剧团，与名花脸王泉奎合作演出翁偶虹新作《将相和》。并在南京学演了周啸天的全部《打登州》。

1951 年　先后跟吴素秋、童芷苓、张君秋、杨荣环、尚小云、程砚秋等名家合作。搭入秋社，为张君秋演二牌老生，曾经同台演出《双官诰》《烛影记》《红鬃烈马》《王宝钏》等传统戏。搭入尚小云剧团以后，与尚小云合演新编剧目《太原双雄》《摩登伽女》《墨黛》《洪宣娇》等。

1952 年　经言小朋介绍加入中国人民解放军军委政治部京剧团，任主要演员，先后参加该团的还有谭元寿、梁慧超、班世超、李丽芳、郭金光、郭元汾、李荣安、杨宝忠、马玉山、罗万金、王晓棠等人。先后随团赴丹东参加抗美援朝慰问、赴祖国西北慰问人民子弟兵等活动。

1955 年下半年　军委总政治部京剧团与西南军区政治部京剧院合并，随即全团集体转入地方，并入刚刚成立的中国京剧院，成为中国京

剧院四团,与李丽芳、王吟秋、郭元汾、班世超等继续担任主演。

1956 年　随中国艺术团出访埃及、叙利亚、埃塞俄比亚、黎巴嫩、苏丹、阿富汗,时间长达半年之久。艺术团由军委空政歌舞团、军委海政歌舞团、新疆歌舞团和中国京剧院四团部分演职员组成,与孙秋田分别担任京剧队正、副队长。

1957 年　在中国京剧院四团演出新编历史故事剧《北京四十天》(又名《大顺春秋》)中扮演李岩,蔡宝华饰李自成,殷元和饰刘宗敏。编剧王一达。在郭元汾主演的《赚唐营》中扮演王仙芝。

1958 年 7 月　在由石天、秦志扬编剧,李永华、殷元和导演的《红色卫星闹天宫》一剧中扮演吴刚,王吟秋扮演织女,李丽芳扮演嫦娥,王天柱、班世超分别扮演男、女卫星。9 月 19 日,奉文化部命令,随团调往宁夏回族自治区。10 月 25 日,中国京剧院四团正式更名为宁夏京剧院,任一团副团长。

1958 年 11 月　新成立的宁夏京剧院赴西安参加西北五省区戏剧会演,主演《林海雪原》《白毛女》《红色卫星闹天宫》等剧目。

1959 年 2 月　与张元奎率团赴宁夏石嘴山矿区、中卫等地演出,主演剧目《失街亭》《空城计》《斩马谡》《法门寺》《龙凤呈祥》《四进士》《打严嵩》《群英会》《借东风》《朱痕记》等。同年排演《智擒惯匪座山雕》(饰杨子荣)、《钢误》(与王吟秋合作)、《爱甩辫子的姑娘》《生死牌》《大红袍》等。10 月欢送王吟秋、钟世章调回北京,与王吟秋合演《生死牌》《红鬃烈马》等剧。

1960 年　与孙秋田、张元奎率团赴甘肃、陕西、河南、河北、内蒙古等地巡回演出,主演《四郎探母》《陆文龙》等。同年演出新编历史剧《义和团》。

1961年3月　与孙秋田、张元奎、班世超、王宪周率团赴武汉、南宁、柳州、桂林、佛山、广州访问演出。此间，在武汉向关正明学习了《宋江题诗》一剧。回宁后上演。同年9月率团赴新疆访问演出。在银川期间演出有《战宛城》（饰张绣）、现代京剧《红旗谱》（饰贾湘农）、《重生》（饰姜海）等。

1962年　宁夏京剧院撤销，任宁夏京剧一团副团长，演出《陆文龙》《文昭关》《失街亭》《空城计》《斩马谡》《秦琼发配》《打渔杀家》《连营寨》《珠帘寨》等剧目。11月，与孙秋田、班世超率团赴呼和浩特、包头、太原巡演，演出《四郎探母》《十八罗汉斗悟空》等戏，引起轰动。

1963年4月　与孙秋田、班世超、王宪周率团赴沈阳、本溪、鞍山、大连、营口、天津巡回演出，观看沈阳评剧院演出现代戏《杜鹃山》，建议移植该剧。演出剧目有《伍子胥》《北京四十天》《红旗谱》等。9月，在银川上演京剧现代戏《杜鹃山》，扮演乌豆，田文玉饰贺湘，白棣饰杜妈妈，殷元和、谷春才饰温七九子。

1964年　主演现代京剧《六盘山》《杜鹃山》《林海雪原》《红旗谱》。6月，奉上级指示突击排演表现回族教主与教民之间斗争的《蓆笈滩》以参加全国现代戏观摩演出大会，审查未过，临时建议改换《杜鹃山》，仍扮演乌豆，李丽芳扮演贺湘。演出引起轰动，得到好评，并受到周恩来等中央领导接见。7月9日，北京京剧团观摩宁夏京剧团《杜鹃山》座谈会举行。裘盛戎等给予高度评价。7月31日，全国京剧现代戏观摩演出大会闭幕，代表全体演员在大会上发言。回到宁夏演出《奇袭白虎团》，扮演政委。

1965年5月　接文化部指示赴长春电影制片厂拍摄同名电影戏曲

故事片《杜鹃山》，途经北京，贺湘扮演者李丽芳被急调赴上海在现代戏《海港的早晨》中担任主要角色，拍摄工作搁浅。与团长孙秋田、演员李丽芳、谷春才，琴师李门分别前往上海，听候安排。最终只留李丽芳一人留沪，其余人返回。7月，西北五省（区）戏剧会演举行，演出修改后的《杜鹃山》，再次引起轰动。1966年继续加工《杜鹃山》。演出《红灯记》扮演李玉和。与殷元和、刘连伦、罗英合作投排诗化京剧《改灶记》。不久"文化大革命"开始，时而演出《红灯记》《奇袭白虎团》。

1967年 遭到迫害。

1970年 下半年获得自由，开始演出《红灯记》《奇袭白虎团》《智取威虎山》（扮演参谋长）、钢琴伴唱《红灯记》等。

1976年 主演现代京剧《磐石湾》，扮演陆长海。

1977年8月 主演现代京剧《八一风暴》，扮演方大来。

1978年 主演《逼上梁山》（扮演林冲）以及《失街亭》《空城计》《斩马谡》《打渔杀家》等传统戏。

1979年 主演《四进士》《龙凤呈祥》《文昭关》《陆文龙》《除三害》等戏，并由宁夏电视台录制《文昭关》全剧。年底，夫人白棣患病，回京治疗。

1980年初 夫人白棣因积郁成疾患癌症不幸病逝，终年54岁。同年相继收北京京剧院沈长春、湖北京剧院罗会明为徒。应邀参加庆祝《中国戏剧》创刊30周年演出，先后在《龙凤呈祥》中扮演鲁肃、乔玄，与赵荣琛合演《汾河湾》。

1982年 应邀与北京实验京剧团合作演出《大登殿》《法门寺》《将相和》。

1983年　应天津电视台邀请，录制《碰碑》《文昭关》。演出《失街亭》《空城计》《斩马谡》。

1984年10月　在宁夏收北京军区京剧团李崇林和宁夏京剧团李鉴、李鸣、张军为徒。

1985年　在哈尔滨收市京剧团田占云为徒。10月，在大连收市京剧团于啸童、牟善伦为弟子。11月15日，在上海参加南北京剧表演艺术家交流演出。和童芷苓合作演出改编的《打渔杀家》。不久，随童芷苓赴武汉演出。

1986年　赴哈尔滨录制《捉放曹》和全部《打登州》录音带。收黑龙江省京剧院张国泰为徒。应宁夏回族自治区广播电台、电视台邀请，录制11出传统戏核心选场、选段，包括《捉放曹》《碰碑》《文昭关》《鱼藏剑》《定军山》《战太平》《除三害》《斩马谡》《宋江题诗》《王佐断臂》《打登州》。

1987年4月3日　接纳于魁智首次登门拜访，并开始陆续教授《文昭关》《乌盆记》《秦琼发配》等戏。同年于魁智以《文昭关》一剧参加首届全国青年京剧演员电视大赛，并获得最佳表演奖。5月2日，于魁智首演《乌盆记》。

1988年夏　宁夏电视台到京为李鸣盛拍摄专题片《玉音响四方》。

1990年3月14日　北京市京剧昆曲振兴协会在北京市工人俱乐部组织纪念徽班进京200周年演出，与吴素秋合作剧目《游龙戏凤》。8月10日，上午在北京天桥礼堂，为纪念徽班进京200周年，应北京市京剧昆曲振兴协会邀请讲授《杨派表演艺术》，对象主要是业余京昆爱好者和专业演员。极受听众欢迎。11月10日，参加鸣谢香港星光传呼集团董事长黄金富先生赠书京剧专场演出，表演《四进士》选场，扮演

宋士杰。年底，代表宁夏京剧团在京参加纪念徽班进京 200 周年演出活动，主演《碰碑》。

1991 年　主动请缨参加北京大碗茶商贸集团组织的赈灾义演。担任第二届青年京剧演员电视大赛评委。多次参加各大学京剧讲座。

1992 年　应邀担任中国戏曲学院客座教授。

1995 年 7 月 16 日　北京市首届"燕京杯"少儿京昆大赛开赛，任评委。

1997 年　相继完成杨宝森主演的《武家坡》《珠帘寨》《朱痕记》三出戏的音配像工作。7 月 22 日，北京市第二届"韶山杯"少儿京昆大赛开赛，担任评委。

2000 年 7 月 1 日　北京第一届国际票友演唱会举行，担任评委。

2002 年 3 月 6 日　病逝于北京中医院，享年 76 岁。

后记

　　我出生在北京一个普通店员家庭，父亲在菜市口的清华斋糕点铺工作，和居住在那一带的梨园界人士有所接触，所以比较喜欢看戏。在父亲的影响下，我从小也对京剧产生了兴趣。家里那台老式的"话匣子"，就是我终日听戏、学戏的好伙伴。1956年我升入北京一中读书，那里有个京剧组，搞得非常好，除了本校的老师、学生参加活动外，还吸引了其他学校的一些京剧爱好者前来加盟，这批学生当中，后来有不少人搞上了专业，或从事相关工作，如北京京剧院的琴师崔学全（曾为杜近芳、李玉芙等操琴）、演员姜茂贤，中国戏剧家协会的段大雄，军委空政话剧团导演鲁继先，以及著名影视导演郭宝昌等。在家中通过收音机听戏，在学校通过和老师、同学一起学戏、演戏，使我这个外行子弟对京剧有了很多了解，因此当时对李鸣盛先生也就相当熟悉。他在《秦琼发配》一剧中的【西皮流水】唱腔"将身儿来至在大街口"，也像马连良先生《借东风》里的【二黄导板】"习天书玄妙法易如反掌"一样，成为人人喜爱的京剧唱段，至今传唱不衰。1958年我考入了当时的中国京剧院四团（即现在的宁夏京剧团），由于学习和工作关系，和李鸣盛先生的接触渐渐多起来，对李先生在生活、艺术等方面，也就有了比

较全面的了解。李鸣盛纯朴耿直，为人忠厚，平易近人。他曾长期担任剧团副团长，对于工作他严于律己、身先士卒，从不搞特殊化。在剧团里他是头牌主演，由于工作需要，他也为别人主演的剧目中扮演过配角，跑过群众，拉过大幕，搬过布景，打过追光，扫过舞台……这对于一个在全国享有盛誉的艺术家来说，实在难能可贵。

艺术上，李先生原来演余派老生就已卓有成就，青年时代改宗杨派又取得了非凡的成绩，三十几岁时，他通过常年的舞台实践和对各流派的广采博收，逐渐形成了自己的独特风格。多年来，不少内外行推崇他是优秀余派和杨派传人。而人们只要对李鸣盛的表演艺术稍加分析和研究，就不难发现他的唱、念等方面，实际上早已在原宗流派的基础上，结合自身条件，有了很大的发展和创造。如果不是这样，他在《杜鹃山》中塑造的乌豆，何以引起那么强烈的反响？他在《失·空·斩》中刻画的诸葛亮，怎能获有"活孔明"的美称？他所主演的《秦琼发配》等戏又怎能在社会上广为流传？

李鸣盛十几岁成名，32 岁随前中国京剧院四团离开北京调往宁夏，在塞外一扎就是近 30 年，而这个阶段，正是他艺术上的黄金时期。我有幸看过他主演的大量传统戏和现代戏，可以说，每看到他主演的一出戏，都是一次美的享受。尤其聆听他的演唱，就如同饮上一杯醇香佳酿，令人陶醉。他的嗓音条件极佳，不仅响亮动听，高低自如，而且韵味浓郁。听了他演唱的《伍子胥》，看了他主演的《失·空·斩》，观众无不呼之过瘾。

李鸣盛在北京工作期间，只在当时的北京人民广播电台留下了《文昭关》《捉放曹》《秦琼发配》几出戏。到宁夏以后由于当地电台的录音条件较差，录制的节目质量和数量也很有限。我记得有《四郎探母》全

部《伍子胥》《捉放曹》《除三害》《宋江题诗》《空城计》《红灯记》等。而在文字方面，也只有为数不多的零散文章。早在20世纪80年代初，同样喜欢京剧的二哥刘连昆就建议我为李鸣盛搞些东西，总结他的艺术经验。出于对李鸣盛先生的景仰之情，我也意识到像他这样为数不多且很有成就的艺术家，不为他留些宝贵资料实在可惜，于是，我在工作之余，开始付诸行动。经过努力总算在文字、音像方面，为李鸣盛做了一些真实的记录。1986年和1988年在宁夏电视台的大力支持下，先后为李鸣盛录制了电视艺术片《李鸣盛舞台艺术集锦》和人物专题片《玉音响四方》，紧接着又在宁夏文化厅的帮助下，为他撰写了《李鸣盛艺术生涯》一书。这次又承蒙商务印书馆的厚爱与协助，该书得以再版。这次再版，基本保留了原有文章，仅有少量的增删。该书在撰写、出版、修订过程中，先后得到了薛盛忠、王焕文、马凤梧、杨幼堂、杨杭生、洪兴波、李乐、王军、张正明、李鸣、温承诚等前辈和朋友的大力帮助；好友赵兵多次协助我进行采访和誊抄稿件，中国戏曲学院钮骠教授百忙中为本书作序，书法家李纯博先生为本书题写书名，在此谨向他们表示衷心的感谢。

刘连伦于北京痴艺斋